John B. Keane
Whiskey für den Weihnachtsmann

aufbau taschenbuch

JOHN B. KEANE wurde 1928 in Listowel in der irischen Grafschaft Kerry geboren. Hier verbrachte er die meiste Zeit seines Lebens, führte mit seiner Frau Mary das Familien-Pub, verfasste 46 Bücher, und hier verstarb er 2002. Keane gilt als einer der beliebtesten Dramatiker Irlands und ist heute als Bühnenschriftsteller, Romanautor und Verfasser humorvoller Kurzgeschichten eine irische Legende. Mehrere seiner Werke wurden verfilmt.

Im Aufbau Taschenbuch sind ebenfalls »Prost Weihnachten! Irische Weihnachtsgeschichten« und »Whiskey für alle. Geschichten von der grünen Insel« lieferbar.

In Irland ist manches anders, auch das Weihnachtsfest. Der zweite Feiertag zum Beispiel ist »Zaunkönigstag«: Nach alter Sitte tragen die jungen Leute aus dem Dorf Stechpalmenzweige, die mit Bändern geschmückt sind, an denen Zaunkönige hängen, singend von Haus zu Haus. Sie sammeln milde Gaben für den Zaunkönigstanz und das feuchtfröhliche Gelage, mit dem Weihnachten ausklingt. Mit sanfter Ironie schildert John B. Keane irische Weihnachtsbräuche, Aberglauben und eine Frömmigkeit, die, gepaart mit Bauernschläue, vorgeschriebene Verhaltensregeln stets nach eigenem Gutdünken und den eigenen Wünschen entsprechend auszulegen weiß. Wundersame Charaktere abseits der Großstadt und liebenswerte Einzelgänger in der Abgeschiedenheit weiter Torfmoore bevölkern seine ungewöhnlichen, skurrilen Weihnachtsgeschichten, die sich mit und ohne Whiskey gleichermaßen zum Lesen und Vorlesen in der Weihnachtszeit eignen.

JOHN B. KEANE

Whiskey
für den
Weihnachtsmann

IRISCHE
WEIHNACHTS-
GESCHICHTEN

Aus dem Englischen
von Irmhild und Otto Brandstädter

atb aufbau taschenbuch

Titel der Originalausgabe
Irish Stories for Christmas

MIX
Papier aus verantwor-
tungsvollen Quellen
FSC® C083411

ISBN 978-3-7466-3268-1

Aufbau Taschenbuch ist eine Marke der Aufbau Verlag GmbH & Co. KG

3. Auflage 2018
© Aufbau Verlag GmbH & Co. KG, Berlin 2016
Die deutsche Übersetzung erschien erstmals 2000 bei Aufbau Taschenbuch
© John B. Keane 1994
Umschlaggestaltung Mediabureau Di Stefano, Berlin
unter Verwendung einer Illustration von Gerhard Glück
Druck und Binden CPI books GmbH, Leck, Germany
Printed in Germany

www.aufbau-verlag.de

Inhalt

Whiskey
für den Weihnachtsmann

Hector Fitzpitter, Schauspieler, Theaterleiter und Dramatiker, saß auf seinem Requisitenkoffer. Der stellte seinen einzigen Besitz dar, wenn man von Hut, Anzug, Hemd und Schuhen absieht, die er auf dem Leibe trug. Seit anderthalb Stunden saß er schon so. Gelegentlich leistete er sich, dem Schmerz und Krampf in seinen Gliedern ein kleines Zugeständnis zu machen, indem er seine fühllosen Hinterbacken sachte anhob und in eine leicht veränderte Stellung brachte, denn es stand zu befürchten, daß sein fadenscheiniger, reichlich abgetragener Hosenboden eine energischere Gewichtsverlagerung nicht aushalten würde. Seine letzten Münzen hatte er schon früher am Tage für einen Becher Tee und ein Käsesandwich ausgegeben.

»Für Schinken reicht das nicht«, hatte ihm der Gastwirt bedeutet, während er die ganzen und halben Pennies und das einzige Sechspenny-Stück zählte, die Hector mit großer Geste auf den Tresen geworfen hatte.

»Wofür reicht es dann?« hatte er verdrießlich gefragt.

»Käsesandwich«, hieß es gleichgültig, »und auch dafür langt's nicht ganz.«

Hector tat, als hätte er das nicht gehört und hoffte im stillen, daß er Sandwich und Tee bekommen würde ohne weitere Anspielung auf seine Finanzmisere. Der Koffer, auf dem er saß, enthielt seine Kostüme, freilich verschlissen und zerrissen und leider nur noch drei an der Zahl, nämlich Jago, Falstaff und Tontagio für das Drama »Das bärtige Ungeheuer von Tontagio«, die Titelrolle, in der man ihn am ehesten kannte und in kleineren Städten und Dörfern geradezu feierte. Es war ein furchteinflößender Part, bei dem sich einfache Gemüter ängstlich duckten, wenn er auf der Bühne tobte und raste. Bei seinen wilden Ausbrüchen zielte er stets auf die furchtsamsten Zuschauer, die auch prompt mit Schreckensschreien reagierten oder in Ohnmacht fielen.

Dieses Stück hatte er selbst verfaßt. Auf dem Höhepunkt seiner Karriere war er einmal in eine Versenkung gestürzt und hatte sich ein Bein gebrochen. Während der sechs Wochen im Krankenhaus und danach als langsam genesender Patient hatte er das Drama niedergeschrieben.

»Hätte er sich doch«, urteilte ein besonders infamer Provinzkritiker, »lieber die Hand anstatt des Beins gebrochen und uns diesen infantilen Quatsch erspart.«

Ein anderer hatte ihn gleich zum »Clownprinz« für schwachsinnigen Blödsinn gekürt und ihn mit dem Dorftrottel verglichen, der gerade seinen Anfall hat. Die gemeinste Äußerung kam von einem Laienschauspieler, der jede Woche eine Theaterspalte schrieb und ohne Ausnahme sämtliche Gastspiele fahrender Komödianten verriß und über Stücke und Akteure Gift und Galle verspritzte. Lob und Anerkennung hob er sich stets für die jährlichen Aufführungen der Amateurtruppe auf, der er selber angehörte. So geiferte er dann: »Sich nicht mit unsterblichen Rollen begnügend, die Shakespeare, Sheridan, O'Neill und andere schufen, taucht Fitzpitter tief in die Senkgrube seiner Psyche hinab, und wenn er emporkommt, trieft sein eigener Dreck nur so von ihm.«

Ein weiterer Kritikus äußerte: Hector Fitzpitter müßte man hängen, strecken und vierteilen. »Hängen«, schrieb er, »für die Regie im Stück, strecken dafür, wie er die Titelrolle spielt, und vierteilen dafür, daß er das Unding verbrochen hat.«

Hector Fitzpitter nahm solche Berichte amüsiert hin und meinte, daß nur Ignoranz und Neid Leute dazu brachte, seine Leistungen zu verkennen. Jetzt, da er nun wirklich am Ende seiner Laufbahn mit völlig leeren Taschen stand – seine Truppe, der er die Gage nicht zahlen konnte, hatte sich in alle Winde zerstreut –, war ihm mehr zum Heulen zumute. Aber noch nie hatte er eine echte Träne vergossen, seit er sich im zarten Alter von siebzehn auf die Schauspielerei eingelassen hatte, und bis zu der Kalamität, in der er nun steckte, waren immerhin fünfzig Jahre vergangen. Ein Mann mit geringerem Stehvermögen hätte verzweifelt aufgegeben und sich dem Sozialamt in die Arme geworfen.

Hector Fitzpitter betrachtete seine gegenwärtige mißliche Lage lediglich als einen zeitweiligen Rückschlag, einen winzigen Stolperstein auf der langen Straße zur Anerkennung, die ihn gewiß schon hinter der nächsten Wegbiegung erwartete. Bis dahin jedoch galt es, sich Verpflegung und Unterkunft zu sichern. Seine Hauptdarstellerin und seine verschiedenen Chargen verstanden es, für sich zu sorgen. Die würden sich instinktiv wieder zusammenfinden, wobei die Theatergerüchteküche das Ihre dazu tun würde, wenn man sich in den ersten Frühlingstagen an einem allseits bekannten Treffpunkt versammelte. Alle, nur er nicht, hatten sich aufgemacht, um zu Hause oder in anderen sicheren Häfen für die Weihnachtszeit, die unmittelbar bevorstand, vor Anker zu gehen. Der Seelenbalsam, den das Fest spendete, würde schnell das Trauma heilen, das sie alle erlitten hatten, als man die Tournee mit dem »Bärtigen Ungeheuer von Tontagio« vorzeitig abbrechen mußte. Der Eigentümer des Theaters hatte die dürftigen Einnahmen der drei letzten Abende vor dem »Aus« konfisziert. Er hatte Hector klargemacht, daß die lachhafte Summe kaum ausreiche, um den Strom zu bezahlen, geschweige denn ihn selbst, den Hausmeister, die Kassiererin und die Reinemachefrauen, von den Unterhaltskosten für das Gebäude generell gar nicht zu reden.

Mühsam erhob sich Hector Fitzpitter. Ihn fröstelte; die Windstöße aus Nordost erinnerten ihn daran, daß er seinen Mantel besser nicht auf die Pfandleihe hätte bringen sollen. Und doch tat der Wind, schneidend wie er mitunter war, nicht so weh wie die Kritik, die ein ortsansässiger Amateur verfaßt hatte.

»Die wenigen Zuschauer auf den vorderen und auch den hinteren Plätzen«, schrieb der, »wurden bald von Schaum und Spucke übersprüht, die Mr. Hector Fitzpitter bei seinem unbeherrschten Umhergetobe reichlich von sich gab.«

Da hatte noch mehr gestanden, doch Hector hatte nicht weitergelesen. Einen Schauspieler wegen eines zufällig entschlüpften winzigen Speicheltröpfchens zu verunglimpfen, lief auf dasselbe hinaus, als wenn man jemanden verspottete, der einen Buckel hatte oder stotterte. So etwas gehörte sich nicht. Langsam ging er die Straße hinunter und zog den unförmigen Koffer hinter sich her. Das waren noch Zeiten, als er ihn mühelos auf der Schulter getragen hatte.

Hector Fitzpitter war von großer, ungeschlachter Gestalt. Die Fleischmassen, die früher in straffen Polstern auf seinem Körper ruhten, wabbelten jetzt bei der geringsten Bewegung wie Götterspeise. Jedem, mit dem er zum ersten Mal zu tun hatte, flößte er Respekt ein. Die jüngeren Schauspieler aber fürchteten ihn nicht im mindesten.

»Der Fettwanst!« riefen sie verächtlich aus, sobald sie jemand fragte, ob der Schauspieler-Theaterleiter-Dramatiker bei seiner Übergröße nicht ein gefährlicher Gegner sei, wenn es zum Duell kam. Allerdings räumten sie ein, daß er auf der Bühne ganz schön gefährlich sein konnte, denn sowie er ein blankes Schwert in der Hand hatte, drosch er auf alles ein, das ihm in die Quere kam. Auch wenn es in gewalttätigen Szenen zu Faustkämpfen kommen mußte, war er offenbar jedem Boxweltmeister ebenbürtig und streckte jüngere Partner wie Strohpuppen nieder.

»Doch im wirklichen Leben«, fügten sie rasch hinzu, »ist er ein Schlappschwanz, der nicht mal kämpfen würde, wenn's ihm echt an den Kragen ginge.«

Einer der engsten Freunde Hectors machte einem wißbegierigen Reporter sogar weis: »Auf der Bühne würde er nicht einen Augenblick zögern, ein Edelfräulein aus jedweder Bedrängnis zu retten, aber auf offener Straße würde er schnurstracks davonrennen, wenn ein Mädchen um Hilfe riefe.«

Nachdem er etliche hundert Meter so dahin geschlurft war, stand er erneut vor der Herberge, die er am Morgen verlassen hatte. Vor seinem Abschied hatte er noch die Hälfte seiner Rechnung beglichen und versprochen, die andere Hälfte zu zahlen, sobald ihm wieder Mittel zur Hand kämen, wie er sich Mrs. Melrick gegenüber ausdrückte. Seine Wirtin hatte sich entgegenkommend gezeigt, doch seine vielen gedrechselten Entschuldigungen langweilten sie.

Und als er nun zum zweiten Mal an diesem Tag das Ansinnen stellte, ihm Kost und Logis zu stunden, bis sein Schiff einlief, reagierte sie einigermaßen argwöhnisch. Kurz angebunden teilte sie ihm mit, daß sich alle ihre Logiergäste ohne Ausnahme über Weihnachten in ihre Heimatorte begeben würden, und da solchermaßen das Haus am Heiligabend, zu Weihnachten und an den drei Tagen danach leer stehe, würde sie während dieser Schließtage zu ihrem Sohn und der Schwiegertochter in die nahegelegene Stadt fahren.

»Ich mach das nur wegen meinem Sohn und meinem Enkel«, erläuterte sie Hector, der ihr niedergeschlagen zuhörte, das Kinn auf die gefalteten Hände gesenkt, die auf dem nun aufrecht stehenden Schrankkoffer ruhten. Seine Gedanken wanderten und erkundeten höchst unwahrscheinliche Möglichkeiten, anderswo Unterschlupf zu finden. Die Vorstellung, im Freien zu nächtigen, war grausam. In jüngeren Jahren hatte er das zwar gelegentlich gemacht, aber nur im Sommer. Jetzt in seinem Alter und dazu noch im Winter käme das einem Selbstmord nahe. Plötzlich spitzte er die Ohren, denn sie erwähnte zum ersten Mal ihre Schwiegertochter.

»So ein Miststück!« hörte er sie fluchen.

Eigentlich wandte sie sich mit ihren Bemerkungen gar nicht an Hector. Sie sprach mehr zu sich selbst, als sie sich über die Launen und die Verrücktheiten der Frau ihres Sohnes ausließ. Es war nicht schwierig, sich aus dem Gehörten zusammenzureimen, daß Schwiegermutter und Schwiegertochter miteinander auf Kriegsfuß standen.

»Da kann man Sie nur bewundern, wie lange Sie das schon aushalten«, fachte Hector Fitzpitter ihre kaum verhohlene Verärgerung an.

»Der Herrgott ist mein Zeuge«, bekräftigte sie und kam in Fahrt, da sie nun ganz unerwartet einen Zuhörer gefunden hatte, der offenbar aufrichtig mitfühlte.

»Sie haben wohl von ihr gehört, wie?« erkundigte sich Mrs. Melrick.

»Wer hätte das nicht«, kam prompt die Antwort.

»Die ist so … so eine, wie soll ich sagen?«

Hector Fitzpitter überlegte einen Moment, bevor er einhalf.

»Meinen Sohn mag sie ja hinters Licht führen«, redete sich die Wirtin in Rage, »aber mich nicht, ganz gewiß nicht!«

»Die ist es gar nicht wert, daß Sie sich aufregen.« Hector schüttelte bekräftigend den Kopf und legte das Gesicht in sorgenvolle Falten.

»Die kann Ihnen ja gar nicht das Wasser reichen«, fuhr er fort, als Mrs. Melrick die Tür weit aufmachte, damit er ihr samt Reisekoffer in die Küche folgen konnte. Beim Tee, den sie dann tranken, redeten sie des langen und breiten über die Schlechtigkeit und die zahllosen Schandtaten der Frau ihres Sohns. Sündhaft, wie die von Natur war, setzte sie in ihrer Verderbtheit immer noch eins drauf; man sah schon, daß das schreckliche Weib wieder schwanger war.

»Du liebe Güte, auch das noch!« stöhnte Hector und blickte gen Himmel. Er genoß die Rolle durch und durch. Schade, daß Dramatiker, diese so genannten Modernen, denen es bloß um Tantiemen ging, nicht solche Rollen schreiben konnten! Der Gedankenaustausch zwischen den beiden hielt an, bis der erste Kostgänger zur Abendmahlzeit eintraf.

»Sehen Sie mal, da drüben.« Mrs. Melrick wies aus dem Küchenfenster auf einen winzigen Anbau, den ihr verstorbener Mann für den einzigen Sohn errichtet hatte, damit der in Ruhe lernen konnte.

»Dort können Sie bleiben, bis ich zurück bin«, teilte ihm seine Wohltäterin mit. »Da steht ein Sofa drin, und ich leg noch ein paar Decken hin. Heute abend und morgen abend können Sie hier mitessen, aber wenn ich weg bin, müssen Sie sich selbst versorgen. Ins Haus dürfen Sie nicht.«

Es folgten noch ein paar weitere Bedingungen, doch im großen und ganzen fühlte sich Hector nicht schlecht behandelt. Morgen würde er sich nach der Pfarrei des Ortes umtun. Er hatte die Erfahrung gemacht, daß Pfarrhäuser eine höchst verläßliche Nahrungsquelle waren und sich sogar ein bißchen Handgeld entlocken ließen, wenn man nicht zu unverschämt war. Wenn die Seelsorger selbst an gewöhnlichen Tagen hilfsbereit waren, konnte man annehmen, daß sie zum Christfest besonders mildtätig sein würden.

Pater Alphonsus Murphy hatte Hector Fitzpitter einmal auf der Bühne erlebt. Er hatte damals in einem Badeort an der See Urlaub gemacht, und da er gerade nichts Besseres vorhatte, schweren Herzens ein Zwei-Schilling-Stück geopfert, um den berühmten Schauspieler als Jago zu sehen. Nach dem Urlaub wollte er sich für ein paar Tage ins Exerzitien-Heim der Diözese begeben, damit ihm bei Meditation und innerer Einkehr seine Verfehlungen bewußt wurden, so gering und läßlich sie auch waren. Doch davon nahm er Abstand, nachdem er

zwei dreiviertel Stunden in dem muffigen Zirkuszelt aus-
gehalten hatte, das Hector Fitzpitter für sein Gastspiel
gemietet hatte.

Einem seiner Kaplane gestand er später: »Mir schien,
daß mein Ausharren in dem Zirkuszelt da Buße genug
war für alle Sünden, die ich seit meinem letzten Aufenthalt im Exerzitien-Heim begangen hatte.«

»Gestatten Sie, daß ich mich vorstelle«, begann Hector
Fitzpitter ziemlich hochtrabend.

»Nicht nötig, nicht nötig!« beruhigte ihn Pater Murphy.

»Haben Sie mich etwa auf der Bühne gesehen?«

Pater Murphy überging die Frage und erkundigte sich
statt dessen, ob er seinem weltgewandten Besucher be-
hilflich sein könnte.

»Das können Sie in der Tat, Hochwürden«, lautete die
ehrerbietige Antwort.

In einem Stil, der seinem Zuhörer vertraut schien, gab
Hector eine Zusammenfassung seiner jüngsten Mißge-
schicke und fragte vorsichtig, ob es wohl möglich wäre,
ihm eine bescheidene Summe Geldes zu leihen, die er
gewißlich ohne den geringsten Verzug im kommenden
Frühjahr zurückzahlen würde, sobald die Sommerspiel-
zeit wieder begonnen hätte.

»Geld leihen ist unsere Sache nicht«, erinnerte ihn Pater Murphy, »doch vielleicht kann ich Sie für ein gutes
Werk gewinnen. Ich hätte da etwas für Sie und zahle,
sobald die Arbeit getan ist.«

»Arbeit!« Hector schauderte es instinktiv bei dem blo-
ßen Gedanken an Schaufeln und Picken.

»Seien Sie unbesorgt.« Pater Murphy waren unzählige
Male ähnliche Reaktionen vorgekommen. »Ihre Eignung

für die Arbeit, an die ich denke, ist über jeden Zweifel erhaben. Ja, mir fällt so ohne weiteres niemand ein, der das besser machen könnte als Sie.«

»Ich soll wohl aus dem Evangelium lesen.« Hector strahlte, als er sich ausmalte, wie er dicht gedrängte Zuschauermassen vor sich hatte, die ihm, was noch wichtiger war, gebannt lauschten. Pater Murphy runzelte ganz gegen seine Gewohnheit die Stirn bei dem Gedanken.

»Sie sollen lediglich den Weihnachtsmann spielen morgen abend«, hieß es eiskalt. »Sie erhalten von mir Kapuze, Bart und Mantel. Wenn Sie gegessen haben, fahre ich mit Ihnen schon mal vorab in das Viertel, in dem Sie Geschenke an die bedürftigen Kinder der Gemeinde austeilen werden.«

Hector lächelte. Das war eine Aufgabe nach seinem Geschmack.

»Und dafür werde ich bezahlt?«

»Ja«, versicherte ihm Pater Murphy. »Sie erhalten Ihren Lohn, sobald Sie Ihre Runde gemacht haben. Jetzt können Sie zum Hintereingang gehen und der Haushälterin sagen, sie soll Ihnen was zu essen geben. Ich hätte es angeordnet. Und morgen abend um acht Uhr erwarte ich Sie wieder hier.«

Später, als sie langsam durch die betreffende Gasse fuhren, die auf freiem Feld endete, gab ihm der Pfarrer Bleistift und Papier und ließ ihn sich alle Namen der Bewohner der jeweiligen Häuser aufschreiben, damit es keine Verwechslungen gäbe. Der Name des Empfängers würde sichtbar auf jedem Geschenkpäckchen stehen. Er sollte bei jedem Haus einfach nach dem Familiennamen fragen, dann würden die Päckchen schon in die richtigen Hände kommen.

»Ich muß Sie allerdings warnen«, Pater Murphys Stimme klang eindringlich, »im allerletzten Haus werden Sie wahrscheinlich Ärger kriegen. Sie wären gut beraten, gar nicht erst hineinzugehen. Wenn man auf Ihr Klopfen hin öffnet, geben Sie einfach die Geschenke ab, egal wer an die Tür kommt. Und dann machen Sie sich dünne, wenn Sie klug sind!«

»Sie wollen doch wohl nicht sagen, daß ich mein Leben riskiere, Hochwürden?«

»Ihr Leben gerade nicht«, Pater Murphy lachte gezwungen, »aber Tatsache ist, daß der gemeinste Saukerl der Gemeinde und übelste Saufkopp dort wohnt, ein gewisser Jack Scalp, und wenn der gerade zu Hause ist, wenn Sie da anklopfen, wird er höchstwahrscheinlich über Sie herfallen. Betreten Sie gar nicht erst das Haus, dann kann Ihnen nichts passieren. Nichts wie umdrehen und weg, sowie Sie sich Ihrer Aufgabe entledigt haben. Hier«, sagte Pater Murphy, »haben Sie einen Schilling. Ist doch Weihnachten, und da möchten Sie sich wohl ein Gläschen genehmigen, denke ich mal, aber daß Sie mir morgen abend nicht mit 'ner Schnapsfahne kommen! Sonst schlage ich Ihnen die Tür vor der Nase zu.«

Hector Fitzpitter richtete sich im Wagen kerzengerade auf und tat gekränkt. »Verehrter Pater«, sagte er, »ich habe noch nie vor einer Vorstellung getrunken, und ich denke, diesem Vorsatz bleibe ich treu.«

In dieser Nacht schlief Hector tief und fest. Den Tag darauf verbrachte er damit, daß er in der besagten Straße auf und ab spazierte, sich die Namen und die passenden Sprüche einprägte und seine Bewegungen einübte. Am liebsten hätte er eine Generalprobe gehabt, doch er sah ein, daß das unter den gegebenen Umständen nicht in

Frage kam. Während er so umherwanderte, hielt er immer Ausschau nach Jack Scalp. Im Geiste hatte er sich schon ein Bild von dem Schuft gemacht und war sich daher sicher, daß er ihn sofort erkennen würde, sollten sich ihre Wege kreuzen. Er war fest entschlossen, Pater Murphys Warnungen in den Wind zu schlagen, und war bereit, sofern erforderlich, sich den Weg in die Küche mit Gewalt zu bahnen. Nötigenfalls würde er alle Register seines schauspielerischen Könnens ziehen. Damit hatte er sich früher schon öfter gerettet, und mit ein wenig Geistesgegenwart müßte ihm das auch hier gelingen. Am Heiligen Abend trank er überhaupt nichts, nahm sich jedoch vor, ordentlich einen zu heben, sobald er seinen Lohn erhalten hatte. Die paar Eßsachen, die ihm Mrs. Melrick auf den Korbtisch im Anbau gestellt hatte, teilte er sich sorgsam ein. Bevor er sich im Pfarrhaus meldete, inspizierte er noch einmal sein Tätigkeitsfeld.

»Der Sack ist ganz schön groß, wie Sie sehen«, bedeutete ihm Pater Murphy, »und es sind insgesamt dreizehn Haushalte, die Sie bedenken müssen. Gönnen Sie sich eine kleine Verschnaufpause in den verschiedenen Küchen, ehe Sie weiterziehen, und gehen Sie die dreizehnte Wohnstatt mit besonderer Vorsicht an, denn da drin, wie ich Ihnen ja erzählt habe, haust Jack Scalp.«

»Ich werde mich schon in acht nehmen«, versicherte ihm Hector, und der geistliche Herr ließ ihn im ungewissen, ob er den verächtlichen Tonfall bemerkt hatte oder nicht.

»Ich bringe Sie bis zur Feldgasse«, sagte er Hector und rieb sich das Kinn, während sein Schützling sich den angeschmuddelten weißen Bart umband. Dem gab ein Gummiband guten Halt. Dann kamen die Stiefel dran, die eine Nummer zu groß waren, aber besser zu groß als zu klein, dachte unser Held. Schließlich stülpte er sich die Kapuze über und zog den langen roten Mantel an, der ihm bis auf die Zehen reichte.

»Haben Sie hier so was wie einen langen Spiegel?«

»Glaube nicht«, erwiderte der Priester, »in diesem Pfarrhaus ist kein Platz für solche Eitelkeiten, aber Sie können sich drauf verlassen, Sie sind für die Rolle bestens kostümiert.«

Pater Murphy überlegte noch, ob er ihm von dem Vorfall erzählen sollte, der sich voriges Jahr am Weihnachtsabend zugetragen hatte; er tat es dann aber doch nicht. Schließlich hatte er ihm schon eingeschärft, auf der Hut zu sein. So groß war das Malheur auch gar nicht gewesen, bloß Nasenbluten, und das hatte bald aufgehört. Ein betagter Glaubensbruder der St. Vincent de Paul Bruderschaft, der damals die Rolle übernahm, hatte sich den Nachmittag über Mut angetrunken, doch als er Mrs. Scalp beiseiteschob und sich vor ihrem Mann aufbaute, merkte er gleich, daß er den Mund zu voll genommen hatte. Eine Flut von Schimpfwörtern, mit der er überschüttet wurde, lähmte ihn für einen Moment. Dann ließ er seinen Sack fallen und stürzte zur Tür. Vergeblich versuchte Mrs. Scalp, ihren betrunkenen Mann zurückzuhalten. Der schleuderte sie zu Boden und versetzte dem Weihnachtsmann einen wuchtigen Hieb auf dessen etwas übergroßen, ohnehin blaurot angelaufenen Gesichtserker. Dem Nasenstüber wären vermutlich weitere Schläge gefolgt, doch Jack Scalp stolperte über einen Bierkasten und schlug der Länge nach hin. Sein beabsichtigtes Opfer stieß einen Schrei der Erleichterung aus und rannte atemlos bis ins Pfarrhaus. Der falsche

Bart war sogar richtig mit Blut bekleckert. Der Mann ließ sich auf einen Stuhl fallen und japste nach Whiskey. Seine Darstellung des Vorfalls wich freilich gewaltig vom tatsächlichen Geschehen ab. Seinen Worten nach hatte er sich heldenhaft geschlagen und nur das Feld geräumt, um nicht größeres Unheil anzurichten und vielleicht noch die arme Mrs. Scalp zur Witwe zu machen. Er sprach sie von jeglichem Vorwurf frei, sich nicht eingemischt zu haben.

Im ersten Haus, das Hector Fitzpitter betrat, wurde er von Eltern und Kindern stürmisch begrüßt. Whiskey und Wein wurden ihm so sehr aufgenötigt, daß er beim besten Willen nicht widerstehen konnte. Und so erging es ihm in all den anderen Familien. Er konnte sich gegen die guten Tropfen, die man ihm großherzig aufdrängte, wehren, so viel er wollte, es gab kein Entrinnen. Ein Glas Whiskey nach dem anderen ging ihm über die Lippen und stieg ihm bald zu Kopf. Sein Hirn ersoff geradezu im Alkohol, wie er sich später ausdrückte.

»Einem großen, starken Kerl wie Ihnen kann doch so'n kleiner Schluck nichts ausmachen«, beschwichtigte ihn eine von den ärmlichen Frauen.

Ihm war nie die Gabe zuteil geworden, einen Drink abzuschlagen, wenn gute Seelen darauf bestanden, mit ihm ein Glas zu leeren. In einem Haus erwarteten ihn liebevoll zurecht gemachte Sandwiches, im nächsten ein Teller mit Crackers und Cheddarkäse. »Die armen Leute sind ungemein freigiebig«, berichtete er später Pater Murphy, »die würden ihr letztes Hemd wegschenken.«

Pater Murphy pflichtete ihm bei, er hatte sich oft genug davon überzeugen können, daß Hector Fitzpitters Schlußfolgerungen zutrafen.

Die Kinder setzten sich Hector auf den Schoß und fütterten ihn mit Zuckerzeug und Keksen. Noch ein paar Tage weiter, und in der ganzen Straße würden die Vorratsschränke wieder leer sein, doch nun war Weihnachten, und das war die Zeit, in der Geben seliger ist denn Nehmen. Außerdem konnte man sich keinen besseren denken, dem man etwas geben wollte, als diesen imponierenden Vertreter des Knecht Ruprecht; ein so prächtiger und aufgeräumter hatte noch nie ihre Vorstadtgasse besucht. Hector war geradezu überwältigt von so viel Herzlichkeit, Liebe und Freigebigkeit, die man ihm entgegenbrachte. In einigen Häusern war man dabei, Weihnachtslieder zu singen, in anderen mußten Geschichten erzählt werden. Nie hatte er so kurz hintereinander so viele Rollen spielen müssen.

Es ging schon auf Mitternacht zu, als er endlich das letzte Haus erreichte. Betrunken, wie er nun war, hatte er Pater Murphys Warnungen dennoch nicht vergessen. Er reckte sich zu voller Größe auf und erinnerte sich, daß er einmal den Bären im »Wintermärchen« gespielt hatte. Fast wollte er schon in ein bäriges Gebrüll ausbrechen. Doch er widerstand dieser Aufwallung und klopfte leise an die Tür. Niemand kam. Er lauschte ein Weilchen, konnte aber nichts hören. So kniete er nieder und drückte ein Ohr ans Schlüsselloch. Bald vernahm er Laute, die nichts Gutes verhießen. Kein Schauspieler brächte es je fertig, so herzzerreißend zu wimmern, sagte er sich. Schwächlich wie Kinderweinen hörte es sich an, schien aus tiefster menschlicher Verzweiflung zu kommen. So abgebrüht Hector Fitzpitter auch war, ihm wurden die Knie weich bei diesem stoßweisen Jammern, so unheimlich klang es, so furchteinflößend. Das Herz krampfte sich ihm zusammen, Mitleid packte ihn, wie er es zuvor nie erlebt hatte. Salzige Tränen liefen ihm übers Gesicht und in seinen umgehängten Bart. Schweigend erhob er sich, mit dem festen Vorsatz, dem Elend ein Ende zu bereiten, das ihn so im Innersten aufgewühlt hatte.

Er pochte laut an die Tür, und als sich nichts regte, trommelte er mit geballten Fäusten dagegen, so heftig er nur konnte. Schließlich machte ein Kind auf. Ein kleines spindeldürres Mädchen in schmuddligen Sachen blickte ihn aus verweinten, wundergläubigen Augen an. Hinter ihr stand ein kleiner Junge, der genauso verhungert aussah, und plötzlich waren vier weitere Jungen und Mädchen zur Stelle, alle deutlich vernachlässigt und gänzlich unterernährt, so schmächtig und blaß, daß man annehmen mußte, sie seien alle gleich alt.

»Das ist der Weihnachtsmann«, flüsterte einer, und jeder murmelte ganz leise den Namen, der Kindern überall Ehrfurcht einflößt.

Vorsichtig tastete sich Hector Fitzpitter zur Küche durch. Viel Licht gab es nicht, denn da brannte nur eine Petroleumlampe, und der Docht war fast ganz heruntergedreht. Von Feuer im Kamin keine Spur, obwohl die Nacht reichlich kalt war. Auch die Mutter war nirgends zu sehen. Der Vater saß in einer Ecke, die Beine von sich gestreckt; leere Bierflaschen lagen herum, und in der dreckigen Faust hielt er ein halb volles Whiskeyglas. Er schnarchte stoßweise. Das kleine Mädchen, das die Tür aufgemacht hatte, hielt einen Finger an die Lippen und flehte so den Besucher an, sich ruhig zu verhalten.

»Wo ist denn eure Mutter?« flüsterte Hector.

»Er hat sie rausgejagt.« Jeder von den sechsen zeigte mit dem Finger auf den schlafenden Vater.

»Warum?« wollte Hector wissen.

»Ohne alles Warum«, erwiderte das Mädchen, das ihm geöffnet hatte.

»Das macht er immerzu«, flüsterte einer von ihnen.

»Wenn er aufwacht, prügelt er uns wieder«, sagte ein anderer.

»Und wohl auch ohne jeden Grund, stimmt's?« erkundigte sich Hector. Ein im Chor geflüstertes »Ja, stimmt« beantwortete seine Frage.

»Ich hab für jeden von euch ein Geschenk mit«, verhieß er den Kindern. Ihre Gesichter strahlten.

»Wie wenig braucht man doch, um ein Kind froh zu stimmen«, sagte sich Hector inmitten all der Schluchzer und Schniefer.

Er blickte von einem der unschuldigen Gesichter ins andere und sah mit Schrecken, daß alle Beulen, blaue Flecken und blutige Striemen hatten. Nie hatte er die geringste Hemmung gehabt, einem seiner Komödianten in den Hintern zu treten oder ihm eine deftige Ohrfeige zu verpassen, aber ein Kind in solcher Weise zu mißhandeln, das konnte nur ein elender Feigling oder ein ausgemachter Schuft tun.

»Eure Erlösung naht«, verkündete er den Kindern feierlich und gab sich nicht die geringste Mühe, die Stimme zu senken. Er scharte alle um sich und war ganz benommen von der Freude, die sich auf ihren Gesichtern malte.

»Geht jetzt«, sagte Hector, und er streichelte mit den Händen über ihre Köpfe und Wangen, »und sucht eure Mutter. Ich möchte, daß ihr sie herbringt, auch wenn sie sich noch so sehr sträubt. Sagt ihr, ich, der Knecht Ruprecht, hat euch geschickt. Geht jetzt.«

Wie der Blitz verschwanden die Kinder.

»Nun zu dir, Bursche.« Damit drehte sich Hector nach dem in der Ecke schnarchenden Säufer um. »Wollen mal sehen, wieviel Mumm du in den Knochen hast. Wach auf, Kerl!« brüllte er, »wach auf, du sollst bekommen, was du verdient hast. So wahr die Sterne draußen am Himmel stehen, jetzt wird Gericht gehalten in diesem Haus. Wach auf, du Mistvieh!« schrie er mit aller Kraft.

Wutentbrannt und mit verschwiemeltem Blick rappelte sich Jack Scalp auf und stieß wüste Flüche aus. Nach Bier roch er meilenweit. Als er den Weihnachtsmann vor sich sah und niemanden sonst, umklammerte er sein Whiskeyglas und wollte es ihm an den Kopf schleudern. Doch der Schauspieler kam ihm zuvor, packte ihn beim Arm und zwang ihn in die Knie. Bislang ungeahnte Kräfte erfüllten Hector. Er griff Jack Scalp an die Kehle und stemmte ihn hoch.

»Meine Kraft ist gleich der von Männern zehn an der Zahl«, grölte er ein Dichterwort zitierend, »bin ich doch reinen Herzens.«

Zum ersten Mal in seinem Leben überkam Jack Scalp so etwas wie wirkliche Furcht. Er befand sich in der Gewalt eines Verrückten, dessen war er sich völlig sicher. Hector stieß ihn mit einem Schwung in die Ecke, aus der er eben hochgekommen war, und stampfte wie ein Besessener in der Küche herum. Mit einem Mal blieb er stehen.

»Weißt du, wer ich bin?« herrschte er die zusammengekrümmte Gestalt an.

Verängstigt schüttelte Jack Scalp den Kopf, am liebsten hätte er Reißaus genommen, aber vor Angst war er wie gelähmt.

»Ich bin das bärtige Ungeheuer von Tontagio«, schrie Hector Fitzpitter. »Siebzehn Männer habe ich bislang erschlagen und hunderte zu Krüppeln gemacht. Mach deinen Frieden mit Gott, solange du noch kannst, du räudiger Schuft, denn eh' du dich versiehst, habe ich dich ins Jenseits befördert.«

Und nun steigerte sich Hector vollends in die Rolle hinein, die er geschaffen und tausendmal gespielt hatte. Mit Riesenschritten ging er in der Küche hin und her, brach dabei in wahnsinniges Gelächter aus und erschreckte so sein Opfer zutiefst.

»Erhebe dich!« befahl er. Mit Mühe kam Jack Scalp auf die Füße; der Sabber lief ihm aus dem Mund, er sah bereits sein Ende nahen. Aus einer Innentasche in seinem großen, roten Mantel zog Hector das Hackmesser aus Mrs. Melricks Torfschuppen und schleuderte es so geschickt in Richtung des sich in der Ecke duckenden Kerls, daß es um Haaresbreite an seinem Kopf vorbeischoß. Dann packte er ihn bei der Gurgel, drückte ihn rücklings auf den Küchentisch und würgte ihn so lange, bis der Tisch unter dem sich windenden und strampelnden Kinderprügler zusammenbrach.

Hector riß ihn hoch und stellte ihn auf die Füße, gab ihm mehrere Backpfeifen und packte ihn dann wieder bei der Gurgel. Roter Schaum quoll aus dem Maul des Unholds, als er seinem Opfer von neuem die Kehle zudrückte. Hector hatte sich gerade so stark auf die Zunge gebissen, daß es reichte, um seinen Speichel zu färben. Und wieder stieß er den schlotternden Saufbold beiseite und jagte ihm noch mehr Angst ein, indem er sich wie ein Gorilla auf die Brust trommelte. Dazu grunzte und kreischte er, brabbelte hysterisch und stieß hohe Quiektöne aus. Das Ganze wirkte derart diabolisch, daß Jack Scalp in Ohnmacht fiel.

»Schurke, wach auf!« schrie Hector aus Leibeskräften, »deine letzte Stunde hat geschlagen.« Bei diesen Worten schüttete er dem am Boden liegenden Schuft den Rest aus dem Whiskeybecher ins Gesicht. Stotternd um Vergebung winselnd kroch Jack Scalp unterwürfig in der Küche umher, umklammerte mitunter die Hosenbeine seines Peinigers und flehte um Gnade.

»Ich hätte nicht übel Lust, dich abzuschlachten.« Hector sprach das in einem Ton, daß es seinem Hörer eiskalt den Rücken hinunterlaufen sollte. Bei dieser Szene waren ängstliche Dorfgemüter immer zu den Ausgängen gehastet, um nicht einen noch gräßlicheren Mord auf der Bühne erleben zu müssen.

»Verschone mich. Verschone mich!« schrie Jack verzweifelt. »Verschone mich, und ich will mich ändern von Grund auf.«

»Dann knie auf der Stelle nieder!« Hector stellte sich neben ihn und hielt die Hände auf dem Rücken. »Sprich mir nach«, befahl er. »Von Stund an werde ich nie mehr meine Frau prügeln oder die Kinder schlagen.«

Er wartete, während Jack Scalp die Worte wiederholte.

»Ich will nie mehr, bis zum letzten meiner Tage, einen Tropfen Alkohol anrühren. Ich will ein vorbildlicher Gatte und Vater sein. Den Rest meines Lebens will ich dem Wohlergehen meiner Kinder widmen.«

»Wenn du dich an diese in der heiligsten aller Nächte getanen Gelöbnisse nicht hältst, werde ich, das Ungeheuer von Tontagio, wiederkehren.« Hectors Unheil verkündende Worte drangen dem Hörer durch Mark und Bein. »Und dann spalte ich dich mit diesem Beil, das ich in der Hand halte, vom Kopf bis zum Gürtel.«

Schweigend nahm Hector Fitzpitter seinen leeren Sack

auf und entschwand in die Nacht. Es gab keinen Applaus, keine stehenden Ovationen, keine Rufe nach dem Autor. Und doch spürte Hector Fitzpitter im tiefsten Herzen, daß er die beste Vorstellung seiner ganzen Karriere gegeben hatte. Schauspieler und ebensowenig Dramatiker sind ja nie mit sich zufrieden, nachdem ein Stück Premiere hatte. Aber Hector war das gelungen, wonach alle Schauspieler streben und was nur wenige erreichen: Er hatte eine einwandfreie Vorstellung geboten. Dabei machte es ihm nichts aus, daß er weder Zuschauer noch Kritiker gehabt hatte. Er hatte sich einen lebenslangen Traum erfüllt, und nachfolgende Ereignisse zeigten, daß er recht gehandelt hatte. Frühmorgens am Weihnachtstag sprach Jack Scalp bei Pater Murphy vor und legte das Gelübde ab, bis an sein Lebensende dem Alkohol zu entsagen. Und daran hielt er sich tatsächlich. Ferner gelobte er, seine Frau und seine Familie, die so lange unter ihm gelitten hatten, nie mehr anzuschreien, zu schlagen oder sonst zu malträtieren. Er wurde ein mustergültiger Vater und schließlich eines der geachtetsten Gemeindemitglieder. Mit Hector Fitzpitters Schauspielkunst ging es aufwärts. Er zog beträchtlichen Nutzen aus seinem Auftritt in Jack Scalps Behausung. Während der folgenden Sommersaison spielte er eine neue Fassung seines Meisterwerks und erntete herzlichen Beifall von Zuschauern und Kritikern.

Zwölf gnadenreiche Tage

Agnes Mallowan schob die eisernen Riegel an der Hinter- und Vordertür des Pfarrhauses energisch in ihre Schutz gewährende Stellung. Dann machte sie unten und im Obergeschoß ihre Runden durchs Haus, schloß die Fensterläden im Zimmer des Kaplans und widerstand der Versuchung, in seinen Sachen zu stöbern. Sie hätte das ungestraft tun können, denn er war zu einem kurzen Weihnachtsurlaub zu seinen Eltern ans andere Ende der Diözese gefahren.

Pater Canty, der Gemeindepriester, hatte die Angewohnheit, abends im Bett zu lesen, bis sie ihm seinen Schlaftrunk brachte. Danach schlief er fest ein und schlief durch bis zum Glockenschlag sieben in der Frühe.

Weihnachtsgeschenke waren nicht ausgetauscht worden. Wie immer hatte er ihr einen Wochenlohn extra überreicht und dabei seine dringliche Ermahnung wiederholt, sie solle sich ja nicht in Unkosten stürzen, um für ihn ein Geschenk zu beschaffen. Er hatte von Anfang an darauf bestanden, daß man ihm keine Weihnachtsgeschenke machen dürfe.

»Das schönste Geschenk, daß Sie mir machen können«, hatte er erklärt, »ist, wenn Sie Ihr Geld im Portemonnaie lassen.«

Auch sonst ließ er nicht zu, daß sie ihn verwöhnte. »Für mich nur einfache Hausmannskost«, hatte es geheißen, und dabei hatte er die Hand erhoben, »je einfacher, um so besser.«

Den einzigen Luxus, den er sich gönnte, war das Glas Punsch zur Nacht und ein Glas Wein am Sonntag zu seinem Dinner. Wein hatte er diesmal auch tagsüber zu sich genommen, das aber nur, wie er ausdrücklich betonte, weil Weihnachten war. Mitunter sorgte sie sich um seine Gesundheit. Am meisten beunruhigte sie sein Schnaufen, wenn er auf dem Treppenabsatz stehenblieb, weil er die Stufen zu schnell genommen hatte. Sie fand immer wieder einen Vorwand, um ihn vor Überanstrengung zu schützen. Manchmal, wenn er zu einem Krankenbesuch mußte, reagierte er gereizt, daß sein Pferd bereits fertig angeschirrt dastand.

»Wer hat denn schon wieder den Braunen angespannt?« schnauzte er und tat verärgerter, als er wirklich war. Sie ging mit keinem Wort darauf ein und staffierte ihn in aller Ruhe für die Fahrt aus. Es gab auch Zeiten, wo er ihr dafür dankbar war; nur widerstrebend gestand er sich das ein. Das war besonders dann der Fall, wenn Epidemien grassierten und der Beichtvater reichlich oft unterwegs sein mußte. Eigentlich gehörte es zu den Aufgaben des Küsters, das Pferd einzufangen und anzuschirren, nur war die Stelle schon seit Jahren vakant.

»Die Gemeinde kann sich das einfach nicht leisten«, hatte er im Jahr zuvor dem Bischof erklärt, als der ihm vorhielt, daß sich ein Gemeindepfarrer in seinen Jahren mehr schonen müßte.

»Ich bin erst dreiundsiebzig«, hatte Pater Canty verschmitzt bemerkt, »und somit zwei Jahre jünger als mein Bischof.«

»Stimmt schon«, hatte der gelassen entgegnet, »aber

ich muß nicht zu jeder Nachtzeit hinaus und Sterbenskranke aufsuchen wie Sie. Mein Gewissen läßt mir keine Ruhe. Ich schicke Ihnen einen Kaplan.«

»Einen Kaplan können wir uns erst recht nicht leisten«, gab Pater Canty unwirsch zurück.

»Das lassen Sie nur meine Sorge sein«, hatte der Bischof fröhlich gemeint und die Unterredung beendet.

Der Kaplan, Pater Scanlan, hatte sich als tatkräftiger, liebenswürdiger junger Mann erwiesen, der es verstand, die Kasse der Pfarre durch Fußballturniere, Kartenspielabende, Zahlentombola und andere Geselligkeiten aufzubessern. Anfangs murrte die Gemeinde über die damit verbundenen Kosten, doch bald begeisterte man sich für diese neuen Dinge und wunderte sich schließlich, wie man es fertiggebracht hatte, ohne diese Abwechslungen so lange geistig auf der Höhe zu bleiben. Sein Pech war nur, daß Agnes Mallowan den Neuen als einen Eindringling betrachtete, der es mit seiner Betriebsamkeit nur darauf anlegte, die Autorität des in die Jahre kommenden Gemeindepriesters zu untergraben. Sie hielt es für ihre Pflicht, ihren Arbeitgeber zu beschützen.

Der junge Hilfspfarrer spürte ihre Feindseligkeit, war aber von Amtskollegen vorgewarnt und mit klugen Ratschlägen versehen worden. »Halt dich beim Pfarrherrn zurück und spiel nur die zweite Geige«, hatte man ihm geraten, »dann nimmst du ihr den Argwohn.«

Gefährdet war im Grunde genommen nur ihr eigener Posten als Haushälterin. Das war ihr von Anfang an klar. Wenn Pater Canty in den Ruhestand ging, und gehen mußte er nun mal – es würde eher morgen als übermorgen geschehen –, stünde sie plötzlich ohne Arbeit da. Im Feierabendheim für altgediente Priester, in dem die älte ren Pfarrherren den Rest ihrer Jahre verbrachten, würde man sie nicht nehmen. Das Personal dort bestand ausschließlich aus Nonnen, Laienschwestern wurden nicht angestellt. Aber mit Umsicht und nicht nachlassender Sorge um Pater Cantys Wohlergehen würde es ihr hoffentlich gelingen, noch so manches Jahr bei ihm im Dienst zu bleiben, bevor er sein Amt als Seelenhirte niederlegte. Geb's Gott, daß sie einander bis zum letzten ihrer Tage beistehen könnten. An ihr sollte es nicht liegen, wenn er vorzeitig von seinen Gemeindepflichten abberufen wurde.

Mit einem tiefen, zufriedenen Seufzer goß Agnes Mallowan das kochende Wasser über Whiskey, Zitrone, Zucker und Nelken in das hohe Glas. Der Zucker löste sich sofort auf, während die Zitronenscheiben verführerisch schimmernd zum Rand hochkamen.

Genüßlich sog sie den aufsteigenden Dampf ein und fragte sich auch dieses Mal, ob sie damit nicht etwa ihr Kommunionsgelübde gefährdete. Wie immer wußte sie ihr Gewissen zu beruhigen: Der Dampf an sich konnte nichts schaden, und der darin enthaltene Whiskey war derart minimal, daß er gewiß schon jede Wirkung eingebüßt hatte, bevor er ihr in die Nase geriet.

Um sicherzugehen, daß ihr Gelübde unversehrt blieb, atmete sie den Duft nur einmal ein. Sie hätte den Kopf abwenden können, doch wie sollte sie dann so winzige Fremdkörper wie Krümchen, Fasern und Stäubchen erkennen, die abgeschöpft werden mußten, ehe man Hochwürden den Punsch so kredenzen konnte, wie es sich ihrer Meinung nach gehörte. Freilich hätte er nichts davon bemerkt, denn stets schloß er fest die Augen, wenn er den Trunk zu sich nahm.

Er schlürfte genüßlich.

»Die rechte Befriedigung stellt sich nur ein«, pflegte er zu bemerken, »wenn ich selbst hören kann, wie ich trinke. Erst dann kann ich den Punsch so richtig genießen.«

Von dem Moment an, da er die Augen zumachte, um den ersten Schluck zu nehmen, hielt er sie geschlossen. Blindlings reichte er ihr später das leere Glas und zog sich die Bettdecke unters Kinn. Jedesmal stand sie dienstbereit daneben, solange er trank; war er fertig, nahm sie ihm das Glas ab, schraubte den Docht in der kugeligen Petroleumlampe herunter und blies die Flamme aus. Dann zog sie sich schweigend zurück und schloß die Schlafzimmertür.

Während sie jetzt in dem goldfarbenen Getränk mit einem langen Löffel rührte, bevor sie sich auf den Weg nach oben machte, läutete es. Sofort schwand die Zufriedenheit aus ihren sanften Gesichtszügen, und Unmut machte sich statt dessen breit. In dieser entlegenen Gemeinde kannte jeder der verstreut siedelnden Dorfbewohner ihren Unmut. Wenn sie verärgert war, ging man Agnes Mallowan am besten aus dem Wege. Im allgemeinen aber war sie gut aufgelegt und umgänglich. Die Haustürglocke läutete ein zweites Mal, ihre Verärgerung nahm sichtlich zu.

»Die können warten!« sagte sie laut und stieg die mit Linoleum belegte Treppe hinauf. Sacht klopfte sie an die Schlafstubentür.

»Herein!« hieß es sofort.

Schweigend stand sie neben dem Bett, während der Pater den in Leder gebundenen »Ivanhoe« zuklappte, ohne ein Lesezeichen einzulegen, und den Band auf den

Nachttisch legte. Er hatte Spaß daran, seine Lieblingsromane aufs Geratewohl aufzuschlagen und auf der Seite weiterzulesen, die sich ihm gerade darbot.

»Weihnachten ist es schön ruhig gewesen, Gott sei Dank«, sagte er und griff nach dem Punschglas. Er nahm den ersten Schluck, ohne die Augen zu schließen, und da wußte sie, er hatte die Türglocke gehört. Gleich würde er sie fragen, was los war. Hätte sie ihm den Punsch doch nur zehn Minuten früher gebracht, dann wäre er jetzt schon fest eingeschlafen, und der Besucher oder die Besucher könnten bis zum Morgen hingehalten werden.

Manche Gemeindeglieder, besonders die, welche weiter weg wohnten, machten immer gleich aus der Mücke einen Elefanten, zumindest wenn sie einen Geistlichen ans Krankenlager holen wollten.

»Agnes, schauen Sie bitte nach, wer geläutet hat«, meinte er gottergeben, »schließlich möchten wir nicht, daß eine arme Seele zur Hölle fährt, bloß weil kein Priester zur Stelle ist.«

»Ja, Pater. Sofort, Pater«, antwortete sie pflichtschuldigst. Sie konnte mit bestem Gewissen sagen, daß sie in all den zwanzig Jahren, in denen sie seine Haushälterin war, noch nie eine seiner Anordnungen mißachtet hatte. Er war wirklich ein guter Mensch. Andere waren nicht so gut zu ihr gewesen, andere Brotgeber, nachdem ihr Mann vorzeitig das Zeitliche gesegnet und sie mit vier kleinen Kindern zurückgelassen hatte. Die waren nun alle nach Amerika ausgewandert, gottlob, und schrieben ihr regelmäßig. Ihr Mann war kein guter Mensch gewesen und ihr Vater schon gar nicht. Ihre beiden Brüder, das waren gute Kerle, an die dachte sie gern. Für die brauchte sie nicht zu beten. Als sie starben, war sie sicher, daß die schnurstracks in den Himmel kamen. Aber für ihren Mann und ihren Vater betete sie jede Nacht. Wenn jemand Gebete brauchte, dann waren es die beiden, weiß Gott.

An der Tür hatte sie es mit zwei Männern zu tun, die betreten dastanden. Jeder wartete darauf, daß der andere ihr Anliegen vorbrachte.

»Wie kommt es, daß ihr so naß seid?« fragte sie unbeteiligt. »An dem bißchen Nebel kann's wohl nicht liegen.«

»Eben doch, oben aufm Berg, da is er ganz dicht«, erklärte der längere von den beiden.

Sie blickte von einem zum anderen, lud sie aber nicht ins Haus ein. Sie hatten zerlumpte Mäntel an und waren ohne Kopfbedeckung. Das spärliche graue Haar war vom Regen an den Schädel geklatscht.

»Und wie seid ihr hergekommen?« erkundigte sich Agnes Mallowan.

»Zu Fuß, Missus«, sagte der kleinere.

Er trat von einem Fuß auf den anderen, und daran erkannte ihn Agnes. Genau die Bewegungen machte er immer, wenn er am Sonntag draußen vor der Kirche stand. Seit sie vierzehn waren, hatten die beiden niemals das Gotteshaus betreten. Zur Kirche kamen sie regelmäßig, doch dann blieben sie draußen, standen an die Mauer gelehnt, solange die Messe dauerte. Selbst unter Eid würde sie bezeugen, daß die beiden nie eine Christfestspende gaben und auch nichts in die Armenkasse oder den Klingelbeutel taten, auf daß sich ihr Priester an Leib und Seele stärken und seine Haushälterin bezahlen konnte. Höchstwahrscheinlich wollten sie ihr jetzt erzählen, daß jemand krank sei, so krank, daß ein Priester vonnöten war. Ihre schlimmsten Befürchtungen bewahrheiteten sich, als der längere fragte, ob der Kaplan zu sprechen sei.

»Ihr wißt genau so gut wie ich, daß er über Weihnachten nach Hause gefahren ist und erst übermorgen zurückkommt. Das weiß doch jeder in der Gemeinde.«

»Dann muß der Pfarrer selber kommen«, erklärte der kleinere der Brüder. »Unser Papa ist am Sterben, und nu braucht er 'n Priester.«

»Und wer sagt, daß euer Papa im Sterben liegt?«

»Der Doktor«, erwiderte der Lange selbstgefällig.

»Und wann war der Doktor da?« Agnes hatte Erfahrung im Umgang mit den Hinterwäldlern. Sie wollte sich vergewissern, ob der Tod wirklich bedrohlich nahe war, andernfalls würde sie den Pfarrer nicht in solch einer regnerischen Nacht losschicken.

»Vor zwei Stunden«, hieß es.

»Und wieso hat der Doktor uns nicht informiert?« wollte sie wissen.

»Weil er noch auf'e andere Seite vom Berg mußte, 'n Baby entbinden. Und dann soll noch weiter weg 'n Mann zu Tode gekommen sein, is mit Pferd und Wagen gestürzt. Und anderswo hat er auch noch zu tun.«

»Verzieht euch in den Schuppen draußen und wartet, bis der Hahn kräht. Pater Canty braucht erst mal ein paar Stunden Schlaf.«

»So lange macht's unser Papa nicht mehr«, sagte der längere der Brüder und setzte einen Fuß über die Schwelle. »Nach Luft hat er gejapst, wie wir losgezogen sind«, ergänzte der kleinere und schubste den längeren weiter in den Korridor.

»Macht mir hier ja nichts dreckig, ich hab extra für

Weihnachten gescheuert«, drohte Agnes Mallowan und drängte das aufdringliche Paar zurück vor die Tür.

»Holen Sie jetzt den Pfarrer oder nicht, sonst machen wir's selbst!« Der Groll in der Stimme des größeren Bruders war nicht zu überhören.

»Wer ist denn da draußen, Agnes?« rief Pater Canty oben vom Treppenabsatz.

»Die Brüder von den Maldooneys wollen einen Priester, Pater.«

»Die Maldooneys aus Farrangarry, meinen Sie die?«

»Ja, genau die.« Agnes warf den ungebetenen Besuchern einen vernichtenden Blick zu.

»Lassen Sie sie rein, um Gottes willen. Ich geh schon mal und schirr den Braunen an.«

»Das kann doch einer von den beiden machen«, rief Agnes hinauf und wich zur Seite, um sie in die Küche zu lassen, wo sich der Pfarrer dann auch einfand.

»Du meine Güte!« sagte er mehr zu sich selbst, als er die zwei triefnassen Gestalten betrachtete. »Machen Sie ihnen mal 'nen ordentlichen Pott Tee. Ich kümmere mich ums Pferd. Und, Agnes, stecken Sie gleich noch eine Laterne an.«

Willfährig ließ sich das gedrungene kleine Pferd das Geschirr anlegen und ging gehorsam rückwärts zwischen die langen, schlanken Deichselstangen. Pater Canty hängte ihm einen halbvollen Hafersack über die dichte Mähne und ging wieder in die Küche.

Die Brüder saßen da und schauten verblüfft zu, wie die Haushälterin den Pfarrer für die Reise ausrüstete. Sie staunten noch mehr, als er sich wie ein Kind von ihr ausstaffieren ließ. Zuerst streifte sie ihm die Hausschuhe ab und zog ihm derbe Schnürstiefel und Gamaschen an.

Dann nahm sie ihm den kurzen Mantel ab, den er im Stall getragen hatte, und legte ihm einen dicken Wollschal um Hals und Schultern. Darauf folgte eine schwere wollene Strickjacke und darüber eine derbe Joppe. Und über all diese Kleidungsstücke kam zum Schluß ein langer Ledermantel, der ihm bis zu den Knöcheln reichte. Die Brüder sahen mit offenem Mund zu, als sie ihm zu guter Letzt einen breitkrempigen schwarzen Hut auf den kahl werdenden Kopf stülpte und ihm schließlich einen kleinen Koffer reichte, der Salböl, Meßbuch und Stola enthielt. Nun fehlte nur noch die geweihte Hostie aus dem Tabernakel, doch daran durfte sich die Haushälterin nicht zu schaffen machen, wie sie verwundert feststellten.

»Im Schuppen da hinten liegen trockene Säcke«, bedeutete ihnen Pater Canty. »Die könnt ihr euch über Kopf und Schultern tun.«

Er klappte ihnen sogar das Trittbrett herunter und hieß sie aufsteigen. Dabei hätten sie es als selbstverständlich hingenommen, wenn er ihnen zugerufen hätte: »Seht zu, daß ihr hinterherlauft.« Nach fünf Kilometern auf einer Straße mit nur mäßigen Steigungen und Senken bogen sie in einen Seitenweg ein, der zur Behausung der Maldooneys führte. Die lag fast oben auf einem Berghang. Es ging ziemlich steil aufwärts, doch dem kurzbeinigen Braunen schien das nichts auszumachen. Während der ersten Wegstrecke hatte keiner ein Wort gesagt; dann unternahm Pater Canty etliche Versuche, sie in ein Gespräch zu ziehen, gab aber letztlich auf. Ohne den Anreiz lebhafter Unterhaltung fiel es ihm schwer, wach zu bleiben. Er versuchte, einen Rosenkranz mit ihnen zu beten, fand jedoch nicht den mindesten

Respons. Also betete er still für sich allein weiter. Besondere Sorgen machte er sich seinetwegen nicht, denn sein Pferdchen hatte ihn schon oft sicher nach Hause gebracht, wenn er unterwegs eingenickt war, und auch heute würde er sich darauf verlassen können. Als sie schließlich das Haus der Maldooneys erreichten, kamen ihnen einige Nachbarn entgegen, die schon gewartet hatten, und kümmerten sich um Pferd und Wagen.

Der Alte lag halb aufgerichtet auf einem uralten eisernen Bettgestell. Sein Atem ging unregelmäßig und stoßweise. Sobald er im schwachen Schein der drei flackernden Kerzen den Priester erkennen konnte, machte er die Augen weit auf. Die Kerzen hatte man eigens auf Kaminsims, Bettpfosten und Fensterbrett gestellt.

»Sie wollen meine letzte Beichte hören, Pater?«

Pater Canty staunte nicht schlecht. Die Stimme war zwar schwach und zittrig wie das Kerzenlicht, aber zweifelsohne war der Todkranke noch kräftig genug, um sich verständlich zu machen.

Zwei ältere betende Frauen mit schwarzen Umhangtüchern verließen die Stube, als der Priester den Kopf neigte, um der Beichte des sterbenden Büßers zu lauschen. Der Alte redete lange, manchmal zusammenhanglos, doch meist klar und zählte dabei die Sünden seines ganzen Lebens auf. Er hatte sich wohl vorbereitet auf die letzte Ölung und schonte sich nicht. Übel konnte einem werden bei diesem hemmungslosen Bekennen menschlicher Schwächen und Torheiten. Plötzlich hielt er inne, holte tief Luft und verfiel in einen tiefen Schlaf, von dem er nie wieder erwachen würde, wie alle meinten.

Pater Canty vollzog die geheiligten Riten, verließ das Haus und bestieg sein Gefährt, nicht ohne zuvor die trockene Unterseite des Wagenpolsters nach oben zu drehen. Die Brüder waren nirgends zu sehen. Die Nachbarn konnten sich das nicht erklären. Eben hatten sie noch in der Küche gestanden mit dem Rücken zum Feuer, um sich zu trocknen, und nun waren sie wie vom Erdboden verschluckt.

Agnes Mallowan hörte die Hufschläge hinter der Pfarrei und war sofort auf den Beinen. Sie schob den Riegel zurück und trat hinaus, draußen stand der getreue Braune und wartete. Der geistliche Herr war auf dem Kutschwagen eingeschlafen, vom Hut troff der Regen. Behutsam weckte sie den Pater und führte ihn ins Haus, setzte ihn ans Kaminfeuer und zog den Küchentisch heran.

»Sie sind der reinste Lebensretter, Agnes«, gestand er ihr unumwunden ein, während er gierig die heiße Gänsekleinsuppe löffelte. Derweil trippelte sie von der Küche hinauf in die Schlafstube, zündete die Petroleumlampe an und ersetzte die lau gewordene Wärmeflasche durch eine heißere. Als sie hinunterging, traf sie ihn auf halber Treppe; er konnte sich vor Müdigkeit kaum halten. Sie ließ ein paar Minuten verstreichen, bevor sie bei ihm anklopfte.

»Herein«, erscholl es sofort.

»Den haben Sie sich verdient«, beruhigte sie ihn, als er Zweifel äußerte, ob ihm denn ein extra Punsch zustünde. Sie stand daneben, während er Schluck um Schluck trank, und nahm ihm das leere Glas ab, das er ihr reichte. Sie löschte die Lampe und zog die Stubentür hinter sich zu. Er schnarchte selten, aber diesmal war es deutlich zu hören. Das Schnarchen ertönte laut und langgezogen. Als sie ein wenig später an seiner Schlafzimmertür vorbeiging, klangen die Schnarchlaute tief und gleichmäßig. Dann traute sie ihren Ohren kaum – das Gebimmel der Haustürglocke zerriß die idyllische Ruhe.

»Was ist denn jetzt los?« fragte sie sich und hastete die Stufen hinunter, damit das fortwährende Klingeln nicht den Schlummer ihres Herrn und Meisters störte.

»Wer ist da, in Gottes Namen?« rief sie durch die geschlossene Tür.

»Wir sind's, Missus«, hörte sie und erkannte sofort die Stimme des längeren Maldooney.

Langsam schob Agnes Mallowan den Riegel zur Seite und machte die Tür auf.

Wie beim ersten Mal standen die beiden da und drängten sich aneinander. Sie verschränkte die Arme und stellte sich breitbeinig in die Tür, um jeden Zutritt zum Korridor zu verwehren. Die Brüder, wieder klatschnaß, sahen einander an und schauten dann zur Haushälterin.

»Los, sagt schon, was ihr wollt«, herrschte sie sie an.

»Wir müssen den Priester sprechen«, raffte sich der längere der Brüder auf.

»Ihr wollt ihm doch nicht etwa die Christfestspende bringen?« fragte Agnes den herumdrucksenden und schniefenden Kleineren. Der spürte schon, daß diesmal keine Aussicht auf Tee bestand.

»Es is wegen Vater«, erklärte er zwischen den Schniefern. »Papa hat vergessen, eine Sünde zu beichten.«

»Und ihr erwartet, daß Pater Canty aufsteht und den ganzen Weg bis auf den Berg nach Farrangarry noch einmal macht, bloß weil euer Papa vergessen hat, ihm zu erzählen, daß er Bettnässer ist?«

»Aber nicht doch«, fiel ihr der kleinere der Brüder ins Wort, »es geht um was viel Schlimmeres. Wegen Bettnässen kommt keiner in die Hölle, aber Hurerei, die bringt einen da hin, eins, zwei, fix.«

»Hurerei?« Die Haushälterin wurde hellhörig.

»Und wer war's, mit der er herumgehurt hat?« wollte sie wissen.

»Mit wem, das geht Sie nichts an«, mischte sich der längere Bruder ein. »Es reicht, wenn Sie wissen, daß er ins Höllenfeuer kommt, weil er vorsätzlich unterlassen hat, ausgerechnet so eine Sünde zu beichten.«

Agnes Mallowan steckte in einem echten Dilemma. Weckte sie Pater Canty, konnte ihm der Weg nach Farrangarry und zurück leicht den Tod bringen. Weckte sie ihn aber nicht und starb der Mann mit einer nicht vergebenen Sünde, wäre sie daran schuld, daß eine Seele in die Hölle kam. Nach kurzem Überlegen schlug sie sich auf die Seite ihres Brotherrn.

»Ich denk nicht dran, ihn wach zu machen«, sagte sie und wollte die Tür zusperren, doch der kleinere von beiden stieß sie in den Korridor zurück.

»Sie müssen ihn wecken«, schrie er aufgebracht.

Die Haushälterin gab nicht nach. Die Aufgabe ihres Lebens war es, ihren Herrn und Meister zu schützen. Sie verlegte sich auf eine andere Taktik.

»Ihr braucht wegen eurem Papa keine Angst zu haben«, versicherte sie ihnen.

»Ohne einen Priester kommt er glatt in die Hölle«, beharrte der große Bruder und stupste den kleineren weiter.

Agnes ließ sich nicht einschüchtern. Nicht einen Schritt wich sie zurück.

»Ich hab eben schon mal gesagt, ihr braucht wegen ihm keine Angst zu haben.« Stolz reckte sie sich auf und verschränkte wieder die Arme. »Im Katechismus steht, die Hölle bleibt geschlossen während der zwölf Tage nach Weihnachten, und jeder, wo in dieser Zeit stirbt, kommt direkt in den Himmel.«

Die Brüder schüttelten den Kopf und sahen sich fragend an.

»Das steht so geschrieben, schwarz auf weiß. Könnt ihr mir glauben.«

Die Brüder drehten sich um und berieten sich flüsternd. Es dauerte nicht lange, und der kleinere fragte:

»Und Sie sind sich da wirklich sicher?«

»Na denkt ihr, ich werd euch 'ne Lügengeschichte auftischen?«

»Aber warum ist der Priester dann den ganzen Weg mit uns auf den Berg gefahren, wo die Hölle doch zu ist?« fragte der Lange.

»Mohammed ist auch auf den Berg gestiegen – oder etwa nicht?« erwiderte Agnes ohne mit der Wimper zu zucken, »und die Hölle war zu.«

Beiden Brüdern wurde ganz unbehaglich zumute bei dieser Offenbarung. Dem hatten sie nichts entgegenzusetzen. Was sie sagte, stand unwiderruflich fest. Außerdem saß sie auf dem richtigen Posten. Wer, wenn nicht sie, mußte mit solchen Sachen Bescheid wissen. Sie gehörte zur Pfarrei und damit zur Kirche und also zum inneren Zirkel, was das anging. Den Katechismus hatten die Brüder Maldooney schon während der Schulzeit nicht begriffen, und jetzt begriffen sie nicht diese Frau.

»Macht schon, daß ihr nach Hause kommt«, sagte sie, »euer Gewissen kann ganz beruhigt sein. Wenn euer Papa inzwischen gestorben ist, ist seine Seele längst im Himmel, und ist er noch nicht tot, wird sie bald dort sein.«

Langsam und bedeppert schoben die beiden ab. Erschöpft verriegelte sie die Tür, begab sich nach oben und schlief den Schlaf des Gerechten. Am Sonntag nach Weihnachten nahm sie erfreut wahr, daß die beiden wie immer an der Kirchenmauer standen, während die heilige Messe drinnen zelebriert wurde. Unauffällig näherte sie sich dem kleineren von den Brüdern und erkundigte sich leise nach seinem Vater.

»Er kann sich schon aufsetzen«, wurde ihr fröhlich mitgeteilt.

»Sogar essen tut er schon wieder was«, bestätigte der andere.

»Was ihr nicht sagt, gottlob!« Agnes Mallowan faltete die Hände wie zum Gebet.

Der kleinere Bruder räusperte sich und wagte mit zahnlosem Mund zu lächeln. Angesichts des heiligen Standorts wagte er nur ein ehrfürchtiges Flüstern und teilte ihr mit, daß der Vater sich rasch erholte und am kommenden Samstagabend unbedingt zum Zaunkönigstanz in Cassidys Scheune gehen wollte, und bis dahin waren es keine sechs Tage mehr. Agnes merkte sich das gut. Sie würde sich von einem ihrer vielen Zuträger aus der Gemeinde berichten lassen, wie es bei Cassidys Tanzvergnügen zugegangen war und besonders, wie sich Maldooney senior dabei aufgeführt hatte.

Eine Woche später ließ sie ihre Vertrauensperson zur Hintertür des Pfarrhauses ein. Maldooney senior hätte sich geradezu selbst übertroffen. So verwegene Schritte und Sprünge hätte der gemacht, daß sogar den jungen Tanzbeflissenen die Spucke wegblieb. Und dem allen hätte er die Krone aufgesetzt, als er auf Wunsch einer molligen Dame vom anderen Ende der Gemeinde einen tollen Hornpipe hinlegte. Und dann hätten alle nicht schlecht gestaunt, als er mit dem Frauenzimmer doch tatsächlich in dem vollen Heuschober hinten bei Cassidys Schuppen verschwand, wo sie drin blieben und sich verlustierten, bis das frühe Morgenrot sie erinnerte, daß es Zeit sei, wieder getrennte Wege zu gehen. Sie hätten einander versprochen, sich wieder zu treffen. Die Söhne hingegen lungerten nach wie vor nur müßig herum; die bekämen gar nicht erst ihre vom Starkbier feuchten Lippen auseinander, um ein Mädchen wenigstens mal anzusprechen.

Besuch
in der Weihnachtsnacht

Die Umstände, die der Ankunft des Schneiders John J. Mulholland auf dieser Erde vorausgingen, sind in der Tat einmalig und verdienen, für die Nachwelt festgehalten zu werden; zumindest sah es John J. Mulholland so.

Es war in dem kleinen Seebad Ballybunion; wir saßen in Mikey Joes Irish-American Bar, als er plötzlich verkündete: »Ich werde für euch und eure guten Vorsätze neun Tage hintereinander den Rosenkranz beten, vorausgesetzt, ihr bereichert die Nachwelt mit der Schilderung meines ungewöhnlichen Eintritts ins Leben.«

John J. sagte nie etwas einfach, wenn es sich auch kompliziert ausdrücken ließ.

Noch ehe ich mein Glas austrinken und mich dünnemachen konnte, fing er mit seiner Geschichte an. »Mein Großvater väterlicherseits konnte Weihnachten nicht ertragen; wäre dem der Weihnachtsmann in die Finger gekommen, hätte er ihn zu Hackfleisch gemacht. Er stopfte sich immer Watte in die Ohren, um das Geläute der Weihnachtsglocken nicht hören zu müssen, und am Heiligabend suchte er das Weite, verschwand schon am frühen Morgen mit dem nötigen Proviant und kam erst lange nach Einbruch der Dunkelheit wieder heim.«

»Du hast was an dir, was die Leute anzieht«, hatte ein Trinkkumpan am Vormittag zu mir gemeint, als ein wildfremder Mann aus einer Ladentür herausgeschossen kam und mich an beiden Handgelenken packte. Er war ein kräftiger Bursche und roch schauderhaft aus dem Mund. Etliche Minuten hielt er mich fest und lamentierte über die Treulosigkeit seines Weibes, das ihn ohne jede Vorwarnung wegen eines Liebhabers, eines Grünkramfritzen, verlassen hatte.

Nicht, daß mich John J. Mulholland an den Handgelenken festgehalten hätte, aber sein fülliger Körper hing auf einem Barhocker, der zwischen mir und dem Ausgang stand. Er zeigte auf seinen Hals, um den sich ein roter Striemen zog, ein Striemen wie von einem Henkerstrick.

»Es ist nicht das, was ihr denkt«, grinste er düster, »ein bißchen Geduld noch, und ihr wißt, was es damit auf sich hat.«

Ich bedeutete Mikey Joe, mir noch einen Whiskey einzuschenken. Wenn ich schon bleiben mußte, dann brauchte ich wenigstens einen Tröster. Zu allem Überfluß hatte die Schicksalsgöttin auch noch John J.'s Hokker näher zu mir gerückt, und damit gab es kein Entrinnen mehr. Die ganze Geschichte hatte mit dem eingangs erwähnten Großvater väterlicherseits begonnen, einem Jacko Mulholland, einem Hosenschneider, der einen Hang zum Whiskey und eine ausgesprochene Abneigung gegen das Weihnachtsfest hatte.

Zu Beginn unserer Geschichte war Jacko gerade dreißig Jahre alt. Beide Eltern waren früh gestorben, und seit seinem sechzehnten Lebensjahr war er auf sich allein gestellt gewesen. Die Nachbarn versuchten sein Gebaren mit dem Tod von Vater und Mutter zu erklären, denn schon gleich danach hatte er sich jeder Art von Weichheit und Sentimentalität widersetzt.

»Sprechen Sie ihm gegenüber nie von Weihnachten«, ermahnten sie Fremde, die von seiner Trauer nichts ahnen konnten, »und was immer auch kommen mag, wünschen Sie ihm kein frohes Fest.«

Verständnisvoll, wie die Nachbarn waren, übten sie Nachsicht, wenn er aus der Haut fuhr, weil in seiner Gegenwart vielleicht ein Wort über Weihnachten gefallen war. Sie meinten untereinander, daß mit der Zeit sein Kummer vergehen würde und warteten immer wieder mit den alten Sprüchen auf – die Zeit ist der beste Seelsorger, mit den Jahren heilen alle Wunden, und was es noch so an Lebensweisheiten gibt. Als er nach vierzehn Jahren immer noch hartnäckig die Adventszeit ignorierte, waren sie enttäuscht.

Die Fensterbänke in seiner Küche und auch der Kaminsims blieben leer. Nichts von den vielen Weihnachtskarten in seinem Heim, die in den Häusern der Nachbarn gang und gäbe waren. Verirrte sich ein Kartengruß von einem Freund oder Verwandten zu ihm, wurde er unweigerlich den Flammen überantwortet.

»Wie können die nur!« murmelte er dann vor sich hin und machte sich wieder an seine Hosennäherei. Wenn er so stichelte, waren seine Gedanken manchmal bei Mary Moles. Sie wohnte in der gleichen Straße und war ledig. Sie hätte es keineswegs sein müssen, denn sie war ein hübsch gewachsenes Mädchen, sah gut aus und galt als rechtschaffen. Sie hätte die Seine sein können. Er hätte nur um sie anhalten müssen. Gewundert hätte sich niemand. Seit er ihr das erste Mal den Hof gemacht hatte, nahm man es als selbstverständlich hin, aber dann war sie seiner Launen müde geworden, und seine eigene Haltung verhärtete sich. Er wurde sturer, je länger ihre Entzweiung andauerte. Nie hätte sie einen anderen geheiratet, und auch für ihn wäre nie eine andere in Frage gekommen. Aber sie waren sich nicht mehr so zugetan wie früher. Teilnahmsvolle Nachbarn schüttelten den Kopf über den traurigen Verlauf der Dinge. Die ganze Straße litt mit, die ganze Straße betete, daß die Sache zu einem guten Ende kommen möge.

»Bald sind sie nicht mehr jung genug«, sagte eine alte Frau, worauf erst eine, dann auch andere vielsagend nickten und der Alten beipflichteten. Mit der Zeit nahm man die Situation als gegeben hin, und die Geschichte gehörte zum Erfahrungsschatz der Straße.

Als John J. Mulholland an diesem Punkt seiner Schilderung angelangt war, machte er eine Pause; er mußte auf die Toilette. Das wäre die Gelegenheit für mich gewesen zu verschwinden, aber inzwischen war ich neugierig geworden, wie mein lieber Freund Mikey Joe auch. Wir sprachen nur leise miteinander, damit unsere Stimmen nicht auf dem Klo zu hören waren. Mikey Joe gestand, daß er – wie ich auch – lange geglaubt hatte, daß der entstellende Striemen um John J.'s Hals von der Schlinge eines Henkers stamme; doch nun wußten wir, daß dem nicht so war, und wir hofften, ziemlich bald die wahre Herkunft besagten häßlichen Mals zu erfahren.

John J. kehrte zurück, setzte sich wieder auf den Hokker, nahm einen kräftigen Schluck aus seinem Glas und räusperte sich. Wir waren töricht genug, sein Räuspern für den Auftakt weiterer Enthüllungen zu nehmen, doch er sagte kein einziges Wort. Man mochte meinen, er hätte sich plötzlich geschworen zu schweigen. Mikey Joe war der erste, der verstand.

»Trink aus«, bedeutete er John J., dessen Glas fast leer

war. Und kaum hatte er ihm das frisch gefüllte Glas in die Hand gedrückt, räusperte sich John J. ein zweites Mal, schnupperte am Whiskey, zog die Stirn in Falten, überlegte, befand das Getränk für gut, schlürfte davon und fuhr in seiner Geschichte fort.

Offensichtlich war sein Großvater Jacko dem Trinken nicht abgeneigt und nahm hin und wieder in der Zurückgezogenheit seiner Küche einen zur Brust. Wenn er trank, dann allein. Am Morgen des Heiligabends verzog er sich in den Wald, der die Stadt umgab, und kam erst im Dunkeln heim. Er hatte sich mit der üblichen Verpflegung versorgt und verbrachte den Tag mit dem Beobachten von Bläßhühnern und Reihern, von Stockenten und Seetauchern. Wäre nicht Schonzeit gewesen, hätte er geangelt. Ohne besonderes Verständnis lauschte er dem vielfachen Gesang der Vögel, die aus voller Kehle tirilierten, als wüßten sie von der bevorstehenden großen Festivität. Jacko ging an den Fluß, ließ sich auf einem Eichenstumpf nieder und sann – nicht zum ersten Mal – über den tristen Ausweg nach, den die Tiefe unter ihm bot. Wie immer verwarf er den Gedanken, mußte sich aber eingestehen, daß die Versuchung von Jahr zu Jahr größer wurde.

Es fröstelte ihn, als er sich vorstellte, wie sein lebloser Körper auf der Marmorplatte im Leichenschauhaus lag, dort, wo er vor ein paar Jahren die verwesende Leiche eines Jungen gesehen hatte, der ertrunken war.

»Den Mut habe ich nicht.« Er sagte es laut, und seine Worte waren noch nicht verhallt, da huschte ein Wiesel vor seinen Füßen den Hang hoch und verschwand im Unterholz.

Rasch stand er auf und verdrängte die trübsinnigen

Gedanken. Schon senkte sich die Abenddämmerung über den Forst. Das Flußband wurde dunkler, und am Himmel tauchten die ersten Sterne auf. Der Mond nahm an Leuchtkraft zu, während die Sonne zwischen den Baumwipfeln im Westen verschwand. Tiefer aus dem Wald konnte man die unmißverständlichen Geräusche von den Boden aufwühlenden Dachsen hören, die mit der sich ausbreitenden Dämmerung ihre Scheu verloren.

Jacko Mulholland raffte sich auf und ging am Flußufer entlang auf die Lichter der Stadt zu. Liebliches Glockengeläut ertönte, war weit über den ruhig dahinfließenden Fluß zu vernehmen. Jacko Mulholland hielt sich die Ohren zu, blieb stehen und rührte sich nicht vom Fleck. Keinen Schritt würde er machen, ehe das infernalische Gedröhn nicht aufhörte.

Als er dann schließlich den Wald hinter sich ließ und die Stadt betrat, war es vollends dunkel geworden. Daheim war alles still; er schürte das Feuer im Küchenkamin, in dem er vor seinem Weggehen mit aller Sorgfalt nasse und trockene Torfstücke aufgeschichtet hatte, damit sich das Feuer bis zu seiner Rückkehr hielt. Dann zündete er die Petroleumlampe an; sein Blick fiel auf den Kalender, der daneben hing. Er nahm einen Bleistift von der Fensterbank und strich das anstößige Datum des 24. Dezember 1922 aus. Noch ein paar Tage, und der ganze Spuk würde ein Ende haben, all der Firlefanz weggeräumt sein, und ein neues Jahr konnte beginnen. Essen wollte er erst kurz vor dem Schlafengehen, denn noch war er satt von seinem Picknick unterwegs. Er warf noch ein paar Brocken trockenen Torf auf das Feuer und setzte sich dann in den uralten Schaukelstuhl aus Nußbaumholz, der schon seit seines Urgroßvaters Zeiten seine Dienste leistete. Kein anderes Haus in der Straße hatte ein so altes Familienerbstück aufzuweisen.

Vor ihm lag eine lange Nacht. Er hatte das Gefühl, es würde eine der längsten Nächte werden seit dem schrecklichen Geschehen damals vor vierzehn Jahren. Eine Weile schaukelte er vor sich hin, sehnte – wie immer – den Schlaf herbei und wußte doch von vornherein, daß es ein vergebliches Verlangen war. Er stand auf und speiste das Feuer mit weiteren größeren Torfsoden. Aus den Tiefen des Küchenschranks beförderte er eine Flasche Whiskey ans Licht. Er hatte sie Ende November in einem nahen Dorf nach einem Fußballspiel erstanden. Damals war er eigens mit dem Fahrrad dorthin gefahren und hatte vorsorglich an die Packtasche gedacht. Ehe er die Flasche entkorkte, schüttelte er sie bedächtig. Dann stellte er sie auf den Holztisch und ging auf die Suche nach einem Glas. Irgendwo mußte es sein, das einzige, das er hatte. Im Schrank war es nicht, das wußte er. Die Leute aus der Umgebung hatten ihre wenigen Gläser in Anrichten, wer aber keine Anrichte besaß, wickelte die paar guten Stücke sorgsam in altes Zeitungspapier und verstaute sie in einem Pappkarton; der wiederum stand sicherheitshalber stets unter dem Ehebett.

Er suchte in der Anrichte in dem kleinen Wohnzimmer, das von der Küche abging. Schließlich fand er das Glas umgestürzt unter einem Teewärmer. Wie es dahin gekommen war, vermochte er sich nicht zu erinnern. Er kehrte zu seinem Schaukelstuhl zurück, langte nach der Whiskeyflasche und füllte sich das Schnapsglas randvoll. Er probierte einen kleinen Schluck, prustete und hustete. Das ging ihm immer so beim ersten Schluck, fiel ihm wieder ein, wenn man den Whiskey nicht mit Wasser verdünnt trank. Aber keiner in seiner Straße verdünnte den guten Stoff mit Wasser. Wenn man Whiskey pur hinterkippte, konnte man nach einer annehmbaren Pause durchaus auch einen Schluck Wasser nehmen, aber beides im Glas zu mischen verdarb die Sache, war ein weit geringerer Genuß als der unverfälschte edle Tropfen.

Er setzte das Glas neben der Flasche auf dem Tisch ab und zog sich die dreckverkrusteten Stiefel aus. Putzen würde er sie erst am nächsten Morgen. Niemand konnte Schuhe so gut putzen und auf Hochglanz bringen wie seine Mutter, um die er noch immer trauerte. Niemand konnte verknotete Schnürsenkel so aufknoten wie sie. Er hatte sie immer seinen Knoten-Oberentwirrer genannt. Nie würde er vergessen, wie laut und herzhaft sein Vater damals gelacht hatte, als er ihr zum ersten Mal diesen Titel verlieh. Ja, das waren noch schöne Zeiten gewesen!

Tränen rannen ihm übers Gesicht, als er sich den Erinnerungen hingab: sein Vater und er auf dem Arbeitstisch hockend, seine Mutter auf ihr Wohl bedacht, ihnen jeden Wunsch von den Augen ablesend. Sie war es, die die fertigen Hosen selbst an den Mann brachte, wenn aus dem einen oder anderen Grund der Kunde sich nicht selbst hatte sehen lassen. Nie war sie mit leeren Händen heimgekommen. Wollte man nicht zahlen, brachte sie die Hosen wieder mit. Sie stundete keinem etwas. Über kurz oder lang würden die Gläubiger schon mit dem Geld herausrücken. Änderungen waren ein Kinderspiel für sie.

Jacko langte erneut nach der Flasche und schenkte sich ein. Er brachte es nicht über sich, Weihnachten wie in alten Tagen zu feiern. Zu schmerzhaft waren die Erinnerungen. Hunger machte sich bemerkbar. Im Schrank fand sich ein Stück Cheddarkäse. Er schnitt sich eine Scheibe ab. Wie jedes Jahr um diese Zeit wanderten seine Gedanken zu Mary Moles. Ob ihm wohler zumute wäre, wenn er sie zur Frau genommen hätte? Müßig, darüber nachzudenken. Sie waren nicht mehr jung genug. Ihre ersten grauen Haarsträhnen waren ihm nicht verborgen geblieben, auch nicht die Falten im Gesicht, wenn sie an seinem Fenster vorbeiging. Einen aufrechten, geradezu würdevollen Gang hatte sie, das mußte man sagen. Wie ein stolzer Schwan zog sie an ihm vorüber, blickte weder nach links noch nach rechts. Es war ihre natürliche Haltung. Alle in der Straße stimmten in ihrem Urteil überein, daß sie ein Frauenzimmer war, das sich nicht aus dem Gleichgewicht bringen ließ, eher etwas zu beständig, eine Spur zu prüde, vielleicht auch etwas konservativ. Aber alles in allem galt sie als ein Mädchen, mit dem man sich sehen lassen konnte. In anderen Straßen gab es welche, die sie für beschränkt hielten, doch die wußten es nicht besser. Nur die unmittelbaren Nachbarn wußten ihren wahren Wert zu schätzen, und die hätten überall und jederzeit Stein und Bein geschworen, daß Mary Moles etwas Besseres war, und daß es genau das war, was im Endeffekt zählte.

Sie lebte mit ihrem Vater zusammen, einem streitsüchtigen Alten, der ewig von Erkältungen und Hexenschuß geplagt war und tagaus tagein mit seinem einzigen Kind herummeckerte. Nach zwanzig Jahren nervender Nörgelei und unberechtigter Anschuldigungen hatte seine Frau schlicht und ergreifend ihren Geist aufgegeben, so wußten zumindest die Nachbarn zu berichten. Die einzigen ruhigen Minuten hatte sie in der Kirche gefunden. Wer wollte es ihr da verübeln, wenn sie so viel Zeit wie möglich in den heiligen Hallen verbrachte, sich kniend ins Gebet versenkte und die himmlische Ruhe genoß.

Jacko Mulholland warf einen kritischen Blick auf die Glut. Wenn sie nicht zusammenfiel, mußte er vor dem Schlafengehen nicht nachlegen. Ein zweiter kritischer Blick traf die Whiskeyflasche, und wohlgefällig konstatierte er, daß sie immer noch gut halb voll war. Nichts tröstet einen halb betrunkenen Säufer mehr und baut ihn mehr auf, als eine Whiskeyflasche, die nicht leer ist. Sie hat die gleiche beruhigende Wirkung, wie versteckte Bataillone auf einen Schlachtenlenker haben, dessen Hauptkräfte durch tollkühne Angriffe dezimiert worden sind. Eine Flasche Whiskey und ihre entspannende Wirkung sind mit dem Gefühl zu vergleichen, das man wohlig empfindet, wenn man morgens beim Aufwachen Regen und Sturm erwartet, statt dessen aber die Sonne ins Fenster scheint.

Wieder füllte Jacko Mulholland das Glas, setzte es an und nahm einen gewaltigen Schluck. Und gleich mußte er tief durchatmen, denn die bernsteinfarbene Flüssigkeit brannte ganz schön in seinem Innern. Und wieder übermannte ihn die Erinnerung an vergangene Zeiten. Leise schluchzte er vor sich hin. Er vernahm die Stimme seiner Mutter, während sie am Morgen das Frühstück machte, hörte sie die alten Lieder singen, die Melodien von Hornpipe, Gigue und Reel summen oder zärtlich besorgt unten von der Treppe rufen. Bilder von seinem Vater tauchten auf, wie er mit ihm angelte, wie sie sich freuten, wenn einer von ihnen eine Forelle am Haken hatte, oder wenn er spät abends dasaß und seinem Vater im Lampenschein zusah, der Köder zusammenknüpfte.

Das Schluchzen wurde immer haltloser. Niemand hörte ihn, denn in den angrenzenden Häusern herrschte fröhliches Treiben, fremde Laute drangen nicht durch das graue Steingemäuer. Überall in der Straße wurde ausgelassen gefeiert, nur im Haus des alten Mick Moles und seiner Tochter Mary war es still. Schweigend saßen beide links und rechts neben dem Feuer. Ab und an rief er abwechselnd den Herrgott oder die Heilige Jungfrau an, sie mögen ihn von seinen Leiden befreien, aber wenn sie ihn hörten, Linderung brachten sie ihm keine. So ließ er seinen Frust an seiner Tochter aus, ehe er sich ins Bett verkroch, und beschimpfte sie ungerechterweise, sie hätte einen viel zu dünnen Tee gekocht und seinen Toast verbrennen lassen.

Inzwischen hatte Jacko Mulholland das Stadium der Trunkenheit erreicht, in dem das Opfer anfängt, vor sich hin zu brummeln, und verbittert all die Ungerechtigkeiten Revue passieren läßt, die es im Laufe seines Lebens hat erdulden müssen. Jacko nahm die Whiskeyflasche etwas genauer unter die Lupe, und obwohl er die Dinge nur noch verschwommen wahrnahm, stellte er doch mit Betrübnis fest, daß er schon mehr als zwei Drittel der Flasche intus hatte. Er beklagte das rasche Schwinden ihres Inhalts mit tiefen Seufzern und wortreichem Gejammere, und dann sackte ihm der Kopf weg. Vergeblich kämpfte er gegen den Schlaf an, aber der hatte leichtes Spiel und übermannte ihn rasch. Schon bald schnarchte er tief und fest.

Lautstärke und Resonanz von Schnarchern nach ausgiebigem Whiskeygenuß überbieten nahezu alles, was man von Schnarchern kennt. Sie hallen an den Wänden wider und drohen die Küche zum Einsturz zu bringen.

Oft genug wird der selig Schlummernde von seinem eigenen Geschnarche aus dem Schlaf gerissen. In unserem Fall war es ein anderes Geräusch, das Jacko Mulholland im Unterbewußtsein störte. Sein Körper reagierte unruhig, seine Gesichtszüge verzerrten sich, er stöhnte hörbar und riß schließlich die trüben Augen auf. Sein erster Blick galt der Uhr auf dem Kaminsims. Die Zeiger sagten ihm, daß er etliche Stunden geschlafen haben mußte. Und wieder dieses ärgerliche Geräusch. Es klang, als klopfte jemand an der Haustür, aber wer konnte schon um zwanzig nach eins in der Frühe Einlaß begehren? Er beschloß, das Klopfen zu ignorieren.

Im Laufe der Jahre war es durchaus vorgekommen, daß ihn Landarbeiter in den frühen Morgenstunden vor religiösen Feiertagen oder Fußballspieltagen herausklopften, weil sie für den besonderen Anlaß neue Hosen in Auftrag gegeben hatten. Das hatte ihn nie gestört, um so weniger, wenn sie zahlten, aber das hier war etwas anderes. Zwanzig Minuten nach eins in der Frühe, und das am ersten Feiertag, war ausgesprochen unhöflich, milde gesagt. Schlichtweg ungehörig. In der festen Überzeugung, daß der Klopfende nach einer Weile ablassen würde, war er gewillt, nicht zu reagieren. Er griff nach der Whiskeyflasche, verzichtete diesmal auf das Glas und trank gleich aus der Flasche, der er gluckernd und glucksend den Garaus machte. Erneutes Klopfen. Er setzte die Flasche ab und stellte sie auf den Tisch. Das Klopfen hielt an. Noch nie war ihm so etwas passiert, dabei war es kein lautes oder herausforderndes Klopfen, aber doch so stetig und hartnäckig, daß er sich die Finger in die Ohren steckte. Normalerweise nahm man die Geräusche dann wenigstens gedämpfter wahr, aber jetzt wollte es nicht funktionieren. Je stärker er die Finger in die Gehörgänge bohrte, desto gräßlicher klang das Klopfen. Verblüfft nahm er die Hände von den Ohren. Zögernd ging er zur Tür. Er machte nicht gleich auf, lugte erst durch die Wohnzimmervorhänge, hoffte, etwas von der Person draußen zu erspähen. Doch er konnte nichts erkennen.

Er schlich die Treppe hoch und ins Schlafzimmer, das nach vorne raus ging. Er schaute auf die Straße hinunter, aber da war nichts. Die ganze Straße konnte er von dort oben überblicken, doch die war menschenleer. Der fröhliche Lärm in den Häusern war längst verstummt, keine Menschenseele rührte sich. Es mußte geregnet haben, während Jacko schlief, denn die Straße war naß. Die erfrischende Luft strömte Ruhe aus. Und jetzt wieder dieses auf die Nerven gehende Gepoche. Leise öffnete er das Fenster, lehnte sich hinaus, lugte hinunter. Nichts. Er zog sich wieder zurück, aber kaum hatte er das Fenster geschlossen, da fing das Klopfen von neuem an. Jetzt eilte er hinunter und machte die Tür auf. Vor ihm stand ein kleiner Junge, der nicht älter als sieben oder acht Jahre sein mochte. Das Kind war tadellos gekleidet, glänzend weiße Schuhe, schneeweißes Hemd mit zinnoberrotem Halstuch, zweireihig geknöpfter marineblauer Anzug und cremefarbener Filzhut, den er artig lüftete, als Jacko Mulholland öffnete. Der kleine Bursche mit dem sauber gekämmten Haar lächelte engelsgleich und wollte etwas sagen, doch schon hatte Jacko ihn mit Daumen und Zeigefinger seiner rechten Hand am Hals gepackt.

»Bist du ein Waldgeist, oder was?« herrschte er ihn an und hielt ihn fest im Würgegriff. Seine mächtigen Finger, die vom ständigen Sticheln, Knoten und Nähen ungemein kräftig waren, drückten schwer auf den zarten blas-

sen Hals. Der Junge wand sich unter der Umklamme-
rung und konnte nicht antworten.

»Ob du ein Waldgeist bist, will ich wissen!« brüllte ihn
Jacko ein zweites Mal an.

Nur mit Mühe konnte der Junge den Kopf schütteln.
Der Druck unter den langen hageren Fingern nahm ihm
die Kraft. Derb und unbarmherzig schnürten sie ihm die
Kehle zu. Dann ließ Jacko plötzlich von ihm ab. Vorsichtig tastete das Kind nach seinem Hals, befühlte die Stellen, wo die Hand so grob zugegriffen hatte.

»Wer, in Gottes Namen, bist du?« fragte Jacko barsch,
doch nicht mehr so wutschnaubend wie zuvor.

»Ich will es dir sagen, aber du mußt mir versprechen,
nicht wütend zu werden«, erwiderte der Junge.

»Ich verspreche es dir«, versicherte ihm Jacko.

»Ich bin dein Enkelsohn«, eröffnete ihm der Kleine.

»Mein was?« brüllte Jacko zurück.

»Nun brichst du doch dein Versprechen«, sagte das
Kind. »Du hattest versprochen, ruhig zu bleiben.«

»Willst du mich zum Narren halten?« herrschte ihn
Jacko an und wollte ihm schon wieder an den Kragen,
aber der kleine Besucher hob die Hand und wiederholte
ernst, daß nicht der geringste Zweifel bestünde, daß er
wahrhaftig sein Enkel sei.

»Wie soll das möglich sein?« fragte Jacko. »Ich bin erst
dreißig Jahre alt und war auch nie verheiratet. Hatte nie
ein Verhältnis mit einer Frau, bis auf die eine, und selbst
der habe ich nie unter den Rock gefaßt.«

»Ich bin und bleibe dein Enkel John J. Mulholland, so
wahr ich hier stehe«, erklärte der Knabe beharrlich.

»Auch ich bin John J. Mulholland«, entgegnete Jacko,
»meist nennen mich die Leute einfach Jacko.«

»Ich hätte mich vielleicht klarer ausdrücken müssen«, meinte der Kleine entschuldigend, »ich werde nämlich erst nach einer gewissen Zeit dein Enkel sein. Genau genommen bin ich jetzt noch nicht dein Enkelsohn. Was du jetzt vor dir siehst, ist ein ungeborenes Wesen; der Tag, an dem es auf die Welt kommen wird, steht noch nicht fest.«

»Ach, so ist das«, wunderte sich Jacko Mulholland und war sichtlich beeindruckt, wie freimütig der Knabe mit ihm sprach. »Willst du nicht mit hereinkommen?«

»Das kann ich nicht tun«, bekam er höflich Bescheid, »trotzdem, vielen Dank.«

Jacko kniete plötzlich nieder und ergriff zärtlich die Hände des Kindes. »Wie konnte ich dich nur so grob behandeln«, schalt er sich unter Tränen, »dich, meinen Enkel, mein eigen Fleisch und Blut.«

»Gräm dich nicht, du konntest ja nicht wissen, wer ich bin, ich mußte es dir erst sagen«, tröstete ihn der junge John J. Mulholland zärtlich und einfühlsam.

Jacko stand wieder auf.

»Ehe alles so kommt, wie ich sage, müssen etliche Dinge geschehen«, gab der Besucher warnend zu bedenken.

»An mir soll es nicht liegen«, versicherte Jacko leidenschaftlich, und Tränen liefen über sein ungepflegtes Gesicht. »Das eine verspreche ich dir, dein Großvater läßt dich nicht im Stich, koste es, was es wolle.«

»Als erstes mußt du heiraten«, verlangte der junge John J. »Genauer gesagt, wenn sich die göttliche Vorsehung als richtig erweist, wirst du heute in sechs Monaten deine Braut zum Altar führen.«

»Meine Braut?« fragte Jacko. »Wer soll das sein?«

»Meine Großmutter natürlich«, lautete die entschiedene Antwort.

»Ja, ja, schon. Aber der Name. Sag mir, wie sie heißt.«

»Sie heißt Mary Moles.«

»Ach, was du nicht sagst. Sowie es hell wird, gehe ich zu ihr und halte um ihre Hand an«, stammelte er schluchzend.

»Ich muß dich jetzt verlassen«, erklärte der junge John J., »meine Reise ist lang, und jede weitere Verzögerung könnte verhängnisvolle Auswirkungen haben.«

»Werde ich dich wiedersehen?« fragte Jacko Mulholland wehmütig.

»Natürlich«, lautete der selbstverständliche Bescheid. »Du wirst mir beibringen, wie man angelt und wie man Köder knüpft – wie ein richtiger Großvater eben.«

Jacko machte eine kleine Pause, ehe er die nächste Frage wagte. »Werden wir viel Zeit miteinander verbringen?«

»Das möchte ich meinen«, wurde ihm frohgemut versichert. »Du wirst mich bis zur Schwelle des Erwachsenseins begleiten, und wenn deine Arbeit getan ist hienieden, wirst du aus dem irdischen Leben scheiden und im Alter von vierundachtzig Jahren in himmlische Sphären entschweben. Aber jetzt lebe wohl.«

John J. nahm die Hand seines zukünftigen Großvaters, küßte sie liebevoll und verschwand.

Noch war die Straße menschenleer, aber Leben regte sich. In den Häusern ging das Licht an. Schon hörte man ein Baby nach seiner Milch schreien. Auch andere Laute drangen nach draußen, Lachen, Liedfetzen, die ersten Hähne krähten. Wohlbekannte Gerüche erfüllten die Luft – der verführerische Duft von gebratenen Speckstreifen, der uralte Geruch von brennendem Torf und Holz, und vom fernen Meer trug der aufkommende leichte Wind den Salzgeruch herüber.

Wie alle Menschen, die einsam und allein waren, liebte Jacko Mulholland die Morgenstunden ganz besonders. Er empfand sie als die schönste Tageszeit, unbefleckt und rein, alles schmückend und vergoldend. Ein Milchmann radelte vorbei; die Kannen an der Lenkstange schepperten und gaben die Begleitmusik zu seinem munteren Pfeifen.

»Fröhliche Weihnacht, Jacko«, schrie er und trat in die Pedale.

»Danke gleichfalls, Eddie«, rief ihm Jacko Mulholland nach.

Als Jacko sich rasiert und gefrühstückt hatte, trat er vor das Haus und verschloß die Tür. Die ersten Kirchgänger waren zur Morgenmesse unterwegs; es waren meist die Älteren, die darauf bedacht waren, in der vollen Kirche einen Sitzplatz zu finden. Sie reagierten unterschiedlich, als Jacko, der vierzehn Jahre lang völlig in sich gekehrt gelebt hatte, ihnen plötzlich frohe Weihnacht wünschte. Einige erwiderten den Gruß ohne Zögern, andere aber waren so erschrocken und verdattert, daß es ihnen die Sprache verschlug.

»Was, du?« Mary Moles gab sich alle Mühe, ihre Überraschung zu verbergen, als sie die Tür öffnete und er vor ihr stand. Er folgte ihr in die Küche, wo ihr alter Vater an der Stirnseite des Tisches saß und Haferbrei in den zahnlosen Mund schaufelte. Zwischen den einzelnen Löffeln wütete er über die Bosheit der Menschheit und die Tücke der Frauen insbesondere. Als er Jacko Mulholland gewahr wurde, klappte ihm der Unterkiefer herunter. Der

Mund sollte ihm noch weiter offen stehenbleiben, als er ohne jede Vorwarnung Mary in den Armen ihres ehemaligen Liebhabers sah. Sie wehrte sich nicht, wich keinen Zoll zurück. Im Gegenteil, liebkosend legte sie ihre Hände um seinen Nacken und erwiderte seine Umarmung mit aller Macht.

Sechs Monate später heirateten sie und lebten glücklich miteinander. Ein gelegentlicher Streit konnte ihren Liebesbund nur bestärken.

Und damit endet John J. Mulhollands Geschichte. Sein Großvater hatte sie ihm erzählt, kurz bevor er im stattlichen Alter von vierundachtzig Jahren das Zeitliche segnete.

»Was mich angeht«, erklärte John J., stand von seinem Hocker auf und reichte Mikey Joe das leere Glas, »so wüßte ich nicht, daß ich irgend etwas mit diesen Geschehnissen zu tun gehabt hätte.«

Er ging zu dem großen Spiegel an der Tür und betrachtete aufmerksam und ausgiebig seine Erscheinung. Behutsam tastete er den schmalen roten Streifen am Hals ab. Wollte man seinen Worten Glauben schenken, so war dieser selbst führenden und international anerkannten Dermatologen ein Rätsel geblieben, die sich dafür interessiert hatten, seit dem Hausarzt bei dem Jungen im zarten Alter von acht Jahren das Phänomen aufgefallen war.

Curriculum Vitae

Nie würde Fred Spellacy das Weihnachtsfest vergessen, das er als Ausgestoßener verbrachte, und das nicht wegen der trüben Gedanken und der Einsamkeit oder wegen der Beschimpfungen, die er zu erdulden hatte. Nein, er mußte immer daran denken, daß ihn damals eine bislang nie erlebte Entschlußfreude gepackt hatte und daß er sich seitdem leichter und freier fühlte.

Fred Spellacy glaubte an Weihnachten. Schon als Junge und auch später als Erwachsener hatte ihn das Fest mit einem Hochgefühl erfüllt, und dafür war er dankbar. In den letzten Jahren hatte er die Weihnachtszeit zwar weniger froh verbracht, aber seinen Glauben hatte er sich bewahrt, denn er war fest davon überzeugt, daß das Christkind ihn nie wirklich im Stich lassen würde.

»Aushilfs-Briefträger gesucht.« Die Anzeige hing nicht eben auffällig im Fenster der Poststelle, dennoch fiel sie Dolly Hallon ins Auge. Briefträger sind nette Leute, dachte Dolly, die sind freundlich und werden, was noch wichtiger ist, von allen geachtet. Vor ihrem geistigen Auge sah sie ihren Vater mit dem Postsack über der Schulter und der keck aufgesetzten Briefträgermütze die Straße hinuntergehen und jeden mit einem Lächeln grüßen, der ihm unterwegs begegnete.

Wenn je ein Postmeister, egal ob von einem Neben- oder sonstigen Amt, diesem ehrfurchtgebietenden Titel nicht entsprach, dann war das Fred Spellacy. Er war geradezu die Verkörperung von Nachgiebigkeit und Rücksichtnahme, gewissermaßen der Fußabtreter für alle und jeden. Ging etwas schief, machten ihn seine Vorgesetzten zum Sündenbock, seine Kunden ließen ihren Ärger an ihm aus, seine Frau beschimpfte ihn, und die angeheirateten Verwandten schalten ihn. Miss Finnerty, seine Postgehilfin, gackerte jedesmal vorwurfsvoll wie eine Henne, die man beim Eierlegen stört, und all ihr Gegackere galt immer nur Fred. Niemals hätte sie so etwas gegenüber Freds Frau gewagt, aber bei der muckte auch sonst niemand auf.

»Nun, mein Kind?« fragte Fred Spellacy sanft.

»Es ist wegen der Briefträgerstelle, Sir.«

Fred Spellacy nickte, und das blasse, treuherzige Gesicht und die abgetragenen Sachen prägten sich ihm ein.

»Wie alt bist du denn?« erkundigte er sich wohlwollend.

»Elf«, erwiderte sie, »aber es ist nicht für mich. Ich frag wegen meinem Vater.«

»Ach, so!« sagte Fred Spellacy.

Dolly Hallon glaubte ein Lächeln auf seinem Gesicht zu sehen und probierte ebenfalls ein Lächeln, man konnte ja nie wissen.

»Wie heißt er denn, wie alt ist er und wo wohnt er, mein Kind?«

»Er heißt Tom Hallon«, sagte Dolly Hallon rasch, »siebenunddreißig Jahre ist er alt, und in der Hog Lane wohnt er.«

Fred Spellacy kritzelte die Angaben auf einen Notizblock, der an einer Schnur neben dem Schalter hing. Tom Hallon kannte er recht gut. Das war keiner von den

Tagedieben, hatte in der Fabrik gearbeitet, bis die zumachte. Ihm fiel auch ein, daß die Hallons im Ort als anständige, ehrliche Leute galten. Ehrlich und anständig! Manch einer hatte gar keine andere Wahl, als ehrlich zu sein, und anderen wieder gab man gar nicht erst die Gelegenheit, unehrlich zu sein.

»Kann er lesen und schreiben?«

»O ja«, versicherte ihm Dolly. »Er liest jeden Tag die Zeitung, wenn Mister Draper von nebenan damit durch ist. Schreiben kann er auch! Er schreibt an seine Schwester in Amerika.«

»Und wie ist das mit Irisch, kann er Irisch?«

»Na gewiß«, äußerte sich die Elfjährige im Brustton der Überzeugung. »Er liest doch immer meine Schulbücher. Was soll er auch sonst mit seiner Zeit anfangen.«

»Also, Miss Hallon, folgendes muß der Vater machen. Er muß sich um die Stelle bewerben und eine Empfehlung von jemand Wichtigem beilegen, vom Gemeindepfarrer vielleicht oder einem der Lehrer. Ein Curriculum vitae mit Angaben zum beruflichen Werdegang wird er wohl nicht haben!«

»Was ist denn das?« fragte Dolly Hallon, die ihre Hoffnungen plötzlich schwinden sah.

»Die Arbeitsstellen, die er bisher hatte, seine Qualifikationen …«

Fred Spellacy schwieg und suchte nach Worten, um einfach zu erklären, welche Voraussetzungen man für die freie Stelle haben mußte.

»Bring ihn dazu aufzuschreiben, was er gut kann, und es muß schnell gehen. Die Stelle muß morgen mittag besetzt sein. Weihnachten steht vor der Tür, und die Post häuft sich zu Bergen.«

Dolly Hallon nickte, daß sie alles verstanden hatte, und eilte nach Hause.

Fred fühlte sich wie zerschlagen. Diese Mattigkeit kam nicht etwa daher, weil sein Dienst zu aufreibend war, vielmehr zermürbten ihn die ständige Inanspruchnahme durch seine Frau und die zahllosen Empfehlungen, mit denen man ihn bedrängte, die freie Stelle mit diesem oder jenem Anwärter zu besetzen. Die Spellacys hatten keine Kinder, aber Freds Frau Alannah sorgte dafür, daß keine Langweile aufkam. Immer war sie in der Offensive, und er brachte es nie fertig, sich zu wehren.

Am Vormittag hatte er schon unklugerweise einem der beiden Parlamentsabgeordneten des Wahlkreises versprochen, daß er sich für dessen Kandidaten einsetzen würde, so gut er konnte. Wenig später klingelte das Telefon, und der andere Abgeordnete war dran. Fred blieb nichts anderes übrig, als dem dasselbe zu versprechen.

»Und vergessen Sie nicht, wem Sie die Postmeisterstelle eigentlich zu verdanken haben«, hatte der letztere ihn gemahnt.

Es kam noch schlimmer. Die Oberin des hiesigen Klosters suchte ihn auf und legte ihm wortreich nahe, ja nicht ihren Schützling zu vergessen. Der sei ein wahres Muster an Unbescholtenheit, versicherte sie ihm, und der frömmste Katholik der ganzen Gemeinde. Kaum war sie fort, stellten sich weitere Männer von Einfluß und Ansehen ein: Ladenbesitzer, Lehrer und sogar einer von der irischen Polizei. Verzweifelte Arbeitsuchende, die vor nichts zurückschreckten, um sich die Stelle zu sichern, hatten sie beschwatzt, sich für sie zu verwenden. Sogar der Pub nebenan, der sonst als heiligste Freistatt galt, war nicht verschont geblieben. Der

Wirt, der eigentlich immer gesellig und großmütig war, hatte ihm erst einen doppelten Power's Gold Label Whiskey eingeschenkt und dann auf ihn eingeredet, doch auch an einen seiner Stammgäste zu denken, das sei ein Mann von untadeligem Charakter und unvergleichlicher Aufrichtigkeit, unheimlich gebildet und zu alledem noch einer von den Freischärlern im Unabhängigkeitskampf.

»Komm mal rein!« Wie gereizt seine Frau war, ließ sich unschwer aus ihrer Stimme heraushören. Sie wies auf einen Stuhl in der winzigen Küche.

»Setz dich mal hin, mein Junge!« Während sie sich eine Zigarette anzündete, wandte sie ihm den Rücken zu. Ihn mit Verachtung strafend, blies sie den Rauch aus und genoß die Qualmwolken, die aus beiden Nasenlöchern quollen wie aus den Nüstern eines Drachens.

Fred saß mit gebeugtem Kopf da, die Unterwürfigkeit in Person. Er wagte nicht einmal, ein Bein übers andere zu schlagen. Er traute sich auch nicht, ihr zu sagen, daß Kunden draußen warteten und die Schlange vor dem Schalter immer länger wurde. Er wußte, ein Wort von ihm genügte, und sie würde ihn mit einer Schimpfkanonade eindecken.

»Melody O'Dea«, eröffnete sie die Verhandlung, »ist eine meiner besten Freundinnen.«

Aus ihrer Tonart mochte man schließen, der verängstigte Mann ihr gegenüber hätte vor, bei der nächstbesten Gelegenheit die betreffende Frau gräßlich zu mißhandeln.

Sie zog erneut an der Zigarette, worauf sie einen Hustenanfall bekam. Strafend blickte sie Fred an, als sei er daran schuld.

»Der Mann von ihrer Reinemachefrau, der Mick, hat seit drei Jahren schon keine Arbeit mehr.«

In einem Ton, der keinen Widerspruch duldete, fuhr Alannah Spellacy fort: »Und deshalb wirst du dafür sorgen, daß er den Job kriegt.«

Damit stand sie auf, hielt die Zigarette zwischen den Lippen und warf sich den Mantel über.

»Ich gehe jetzt«, verkündete sie triumphierend, »und vermelde Melody die frohe Botschaft.«

Als Tom Hallon sich am nächsten Tag mittags zur Arbeit in der Poststelle meldete, war Alannah Spellacy dermaßen frappiert, daß es ihr die Sprache verschlug. Als Tom Hallon dann sogar die Briefträgermütze aufsetzte, die ihm bestimmt eine Nummer zu groß war, brach sie vollends zusammen. Ihr Mann und Miss Finnerty mußten sie nach oben schaffen und ins Bett bringen, und noch immer fehlten ihr die Worte. Die Weihnachtstage über blieb sie dort liegen. Ihre Stimme aber gewann sie wieder, und die schallte erneut durchs ganze Haus. Erst kurz nach Weihnachten änderte sie überraschenderweise ihren Ton, denn ihr war aufgegangen, daß die Sanftmütigen nicht länger sanftmütig waren und man sie wohl oder übel hätscheln mußte.

Alannah Spellacy hatte begriffen, daß sie ihren Mann zum äußersten getrieben hatte. Auch andere kamen mit der Zeit zu demselben Schluß. Spät im Leben, aber nicht zu spät, wandelte sich Fred Spellacy von einer Marionette zu einem entschiedenen und selbständiger handelnden Mann.

Die ganze Nacht vor der Amtsvergabe hatte er sich mit der Entscheidung gequält. Anfangs glaubte er, daß es in seinem Interesse läge, den Bewerber einzustellen, der den einflußreichsten Schirmherrn hinter sich hatte. Doch heimlich keimte schon seit Jahren in seinem Unterbewußtsein die Saat der Rebellion. Dolly Hallon war lediglich der auslösende Faktor.

Fred war es gründlich satt, sich immer vorschreiben zu lassen, was er tun sollte und was nicht. Kurz nachdem Dolly die Tür der Poststelle hinter sich zugemacht hatte, war die Krise endgültig zum Ausbruch gekommen.

In der Nacht war er alle Bewerber und deren Für und Wider durchgegangen; vier hatte er dann in die engere Wahl gezogen. Das waren die Kandidaten der beiden Abgeordneten, der seiner Frau und der völlige Außenseiter Tom Hallon aus der Hog Lane.

Er hatte einmal gelesen, daß die alten Perser nie ein Urteil fällten, ohne einen zweiten Prozeß zu führen. Den ersten Spruch fällten sie im Zustand der Trunkenheit und den zweiten, wenn sie wieder nüchtern waren. Als er am folgenden Morgen die Poststelle verließ, stand sein Entscheid im Grunde genommen fest. Er ging an seinem Stammlokal vorbei und suchte sich weiter weg in einem ruhigen Pub, der schon bessere Tage gesehen hatte, eine stille Ecke. Nach dem dritten Whiskey und ein paar Flaschen Starkbier zum Nachspülen geriet er in den sonderbaren, wenn auch vorübergehenden Rausch, den nur ein unmäßiger Alkoholgenuß erzeugt.

Aus der Brusttasche zog er Tom Hallons Lebenslauf und las ihn noch einmal. Der war auf einem liniierten, sauber aus einem Schulheft getrennten Blatt geschrieben und war eindeutig das Werk seiner Tochter Dolly. Die Rechtschreibung war in Ordnung, aber sonst hatte der Antragsteller nur wenige besondere Fähigkeiten und Kenntnisse aufzuweisen. Tom hatte immer nur in der

Fabrik gearbeitet und sonst nirgendwo. Die Arbeit hatte er ohne seine Schuld verloren. Das galt auch für jeden anderen Arbeitslosen im Umkreis von drei Meilen. Damit hatten dann aber auch die Schicksalsähnlichkeiten ein Ende. Dort stand nämlich, daß Tom Hallon, solange sich Dolly erinnern konnte, immer gut die Rolle des Weihnachtsmanns gespielt hatte. Die Geschenke, die er brachte, waren in Heimarbeit gebastelt und handwerklich nicht perfekt, doch jedesmal hatte sein Auftritt viel Freude in die Familie der Hallons und in etliche andere von Armut geplagte Familien in der Hog Lane gebracht.

»Also wenn ein Tom Hallon den Weihnachtsmann spielen kann«, sagte sich Fred Spellacy im Selbstgespräch, während er gemütlich in der kleinen Kneipe saß, »dann kann ich das auch. Wenn der Geschenke austeilen kann, kann ich das genau so gut.«

Er gab sich einen Ruck, stand auf, knöpfte sich den Mantel zu und leerte sein Glas. Dann ging er unsicheren, aber beherzten Schritts in Richtung Hog Lane, in der Dolly Hallon wohnte.

Auf das Echo, das ihn erwartete, war er einigermaßen gefaßt gewesen, wenn er es auch nicht in vollem Umfang hatte ermessen können. Die abgeblitzten Bewerber, deren Familien, Freunde und Befürworter machten ihrem Unmut bis zum Christfest reichlich Luft. Sie ließen Zweifel an seiner Aufrichtigkeit laut werden und an der Herkunft seiner Ahnen, und das in einer so böswilligen Art und mit so unflätigen Ausdrücken, daß er zum Schluß ihres Gezeters schon nicht mehr rot wurde.

Einer konnte nur mit Gewalt davon abgehalten werden, ihn zu verprügeln, und die Frau eines anderen Enttäuschten spuckte ihm ins Gesicht. Nur ein einziges aussöhnendes Vorkommnis ließ ihn dieses Dauerfeuer an Beschimpfungen und Verunglimpfungen ertragen. Es fehlten noch drei Tage an Weihnachten. Vor dem Postschalter hatte sich eine Schlange gebildet, viele der Anstehenden verhielten sich feindselig, der Rest war ungeduldig.

Von oben kam das jammervolle Gekreische seiner widerborstigen Gattin, und wenn das Gejammer aufhörte, dann fegte Ladung auf Ladung der bittersten Vorwürfe und Anschuldigungen die Treppe herunter, die schärfer und stechender waren als der ärgste Hagelsturm. Viel fehlte ihm nicht mehr bis zum Nervenzusammenbruch.

»Ja und?« fragte er in das leuchtende Gesicht eines kleinen Mädchens hinein, das an der Spitze der immer länger werdenden Schlange stand. Es wollte keine Briefmarken, auch kein Paket aufgeben. Dolly Hallon stand einfach nur da, auf ihrem bleichen Gesicht lag ein engelhaftes, anrührendes Lächeln. Sie sagte kein einziges Wort, doch ihre Dankbarkeit strömte ihm aus dem strahlenden Antlitz entgegen.

Fred Spellacy fühlte sich, als wäre er in die Gemeinschaft der Heiligen aufgenommen. All seine Bekümmernisse schwanden. Sein Herz hüpfte. Sie zwinkerte ihm ruhig und leise zu. Fred mußte sein Taschentuch herausziehen und sich laut schneuzen.

Das Wunder
von Ballybradawn

Friedlich und unübersehbar thront die Ortschaft Ballybradawn auf einem sechs Meter hohen Plateau und schaut hinab auf den Bradawn. Der Fluß entspringt in den Bergen von North Cork, mündet aber erst in North Kerry in den Atlantik. Das Dorf mit seinen tausend Seelen liegt auf halbem Wege zwischen Quelle und Mündung.

Zu Beginn des Frühjahrs zieht der Lachs stromaufwärts vom Meer zu seinen Laichplätzen, stumm und silbrig glänzend, schimmernd und schön. Er begibt sich auf eine äußerst gefährliche Reise. Nur wenige Artgenossen überleben. Ihr Hauptfeind ist der Mensch.

Unsere Geschichte beginnt im Jahre des Herrn 1953, einem ereignisreichen Jahr. Zeitzeugen erlebten den Tod Stalins, die Flucht des Schahs, den Amtsantritt Eisenhowers und die Bezwingung des Mount Everest.

Warum sollte da ein Ort wie Ballybradawn abseits stehen? Er erlebte sein eigenes atemberaubendes Wunder, und das war kurz vor Weihnachten.

Frühling und Sommer des besagten Jahres waren für einheimische und anreisende Angler mehr als enttäuschend gewesen. Aus irgendeinem unerklärlichen Grund waren die dichten Schwärme des gepriesenen Salmo salar, des Königs des Atlantischen Ozeans, die seit Generationen hier heraufzogen, ausgeblieben. Ja gut, sie waren gekommen, aber in jämmerlich geringer Zahl. Allenthalben wurde gerätselt, was sich zugetragen haben mochte, daß die Fische nicht wie sonst erschienen; dann tröstete man sich damit, daß der Verlust im kommenden Frühjahr wieder wettgemacht werden würde. Mutter Natur war dafür bekannt, daß sie nach einem kargen Jahr besonders freigebig war.

Schon Mitte Dezember wurde getuschelt, daß im Mündungsgebiet die ersten Fische aufgetaucht seien. Erfahrene Fischer, die mit Treibnetzen arbeiteten und nicht irgendwelche Geschichten erfanden, wollten mit eigenen Augen dort, wo der Bradawn in den Ozean fließt, riesige Lachse in beachtlicher Zahl gesehen haben.

Wohl gab es manch ungläubigen Thomas, der darauf beharrte, daß das erschöpfte Fische auf ihrem Weg flußabwärts von den Laichplätzen wären, doch die Sachlage war eindeutig. Wenn im Frühling ein Fisch nach einem Sprung aus dem Wasser wieder zurückschnellt, tut er das mit lautem Platschen, und dem folgt geräuschvolles Spritzen. Das ist weithin zu hören. Ein ermatteter Lachs aber, der nur mit Mühe hoch kommt, gleitet kraftlos in die Strömung. Das dabei verursachte Geräusch geht in dem natürlichen Rauschen des Flusses unter.

Von der Ankunft des Frühjahrslachses zeugten auch andere Merkmale. Die Population der Robben im Flußdelta und dessen Brackwasser hatte sich vervierfacht, und wegen der Aussicht auf frischen Lachs hatten sich die Tiere jenseits der Gezeitenzone flußaufwärts vorgewagt, wo die verschreckten Lachse an den steinigen, seichten Ufern unter überhängendem Laubwerk Schutz gesucht hatten. Hier aber lauerten Fischotter, die keinerlei Skrupel kannten und gnadenlos ihre scharfen Zähne in das saftige Fleisch der unvorsichtigen Flüchtlinge schlugen.

Weiter oben standen die Wilderer mit ihren Fischhaken und verbotenen Netzen, den Keschern und Reusen, ihren Stangen mit dem Dreizack, mit Betäubungsmitteln und Sprengsätzen und vielen anderen tödlichen Fangvorrichtungen und listenreichen Einfällen, die alle nur eines zum Ziel hatten, das kurze Leben des Salmo salar vorzeitig zu beenden.

Für die meisten Lachse war es nur eine Hinreise, und selbst die war von Anfang an voller Gefahren. In den Augen der Naturschützer war es geradezu ein Wunder, daß es überhaupt noch einige Lachse bis zum Laichen brachten und daß die Art immer noch überlebte.

Als nun in Ballybradawn das Gerücht die Runde machte, etliche Lachse seien schon vor der Zeit im Fluß aufgetaucht, herrschte große Aufregung unter den Wilddieben. Von morgens bis abends sannen sie auf Mittel und Wege, wie sie ihr Weihnachtsessen mit dem köstlichen Fleisch eines gesetzwidrig gefangenen Lachses aufbessern könnten. Das Wasser lief ihnen im Munde zusammen, während sie von den mannigfachen Zubereitungsarten des Beuteguts aus dem Fluß schwärmten. Pläne wurden geschmiedet, aber keiner trug wirklich Früchte, denn die Flußwache machte Tag und Nacht ihre Runden. Sie blieb den Wilddieben auf der Spur, wenn die sich bei scheinbar harmlosen Spaziergängen am Fluß verlustierten. In den frühen Nachmittagsstunden des Heiligabends stand ein Mann namens Ned Muddle gedankenverloren an einer recht auffälligen Ecke des Dorfes, wo ihn ein Freund ansprach und ihm von der vorzeitigen Ankunft der Lachse erzählte. Ned wollte seinem Freund nicht recht glauben und hielt mit seiner Meinung nicht hinterm Berg.

»Es ist wahr!« beteuerte ihm der wackere Mann.

»Wie das?« fragte Ned Muddle.

»Robben sind da in Massen, heißt's, und andere sagen, die Lachse haben sich einfach geirrt.«

Es folgte längeres Schweigen. Ned Muddle mußte das, was ihm sein Freund offenbart hatte, erst einmal verdauen. Er war kein Lachsverächter; setzte man ihm einen Teller vor, fragte er nie, woher der Fisch stammte und warum er so und nicht anders auf den Tisch kam.

Leider war Lachs teuer. Ned aß Fisch leidenschaftlich gern, aber wollte er seine Gelüste befriedigen, mußte er notgedrungen mit Hering oder Makrele vorliebnehmen. Ned Muddle wechselte den Standort und schlurfte ein paar Schritte um die Ecke. Sein Freund blieb ihm auf den Fersen. Sie lümmelten sich an die Wand, und der Freund erging sich über Zahl und Größe der Lachse, die sich vor der Zeit hatten sehen lassen. Auch malte er aus, daß früh gefangener Fisch sich zu phänomenalen Preisen auf dem Markt verkaufen ließe, schon ein einziges Exemplar würde für mehrere Tage ihren Bier- und Schnapsbedarf decken.

»Ja, ja«, reagierte Ned Muddle leicht gereizt, »aber was geht mich das an?«

»Was dich das angeht?« forschte sein Freund aufgebracht. »Mein lieber Mann«, fuhr er dann in beschwichtigendem Ton fort, »wenn du mich fragst, dann hast du mehr damit zu tun als alle anderen.«

»Wieso das?« fragte Ned und war jetzt erst recht verblüfft.

»Verstehst du denn nicht?« Sein Freund sah ihn eindringlich an und redete dann auf ihn ein. »Du bist ein geschickter Kerl, vermutlich der geschickteste in Ballybradawn, vielleicht, vielleicht sogar der mit dem größten Geschick im ganzen Land.«

Ned Muddle runzelte die Stirn; bei der Vorstellung, er gelte als ein Mann mit Geschick, vielleicht als der mit dem größten Geschick im Land, in der ganzen Welt, mußte er grinsen.

»Na gut«, lenkte er brummig ein und konnte nur mit Mühe verbergen, daß ihm das Kompliment glatt herunterging. »Geschickte Hände habe ich, stimmt, aber was haben geschickte Hände mit den Lachsen im Fluß zu tun?«

»Na, Mann, nur ein Fachmann wie du kann eine Reuse bauen, mit der wir die Lachse überlisten. Einer mit Laienverstand bringt das nicht zuwege. Es muß schon einer sein, der das richtige Geschick hat. Einer, der sich auf Reusen versteht, der das nicht zum ersten Mal macht. Einer, der es den Lachsen schon mal gezeigt hat.«

»Spielst wohl aufs Kittchen an, wie?« lachte Ned Muddle bitter auf.

Alle im Dorf wußten, wann, wie lange und warum Ned Muddle gesessen hatte. Doch fragte sie jemand, schwiegen sie. Es war vor zehn Jahren gewesen. Man hatte ihn zu drei Monaten verdonnert wegen Wilddieberei. Genau genommen, hatte man ihn am Fluß mit Sprengsätzen erwischt, die einzig und allein dafür gedacht waren, die armen Seelen – wenn denn die Bewohner des Flusses eine solche hatten – ins Jenseits zu befördern; ihre gefällig filettierten Leiber hingegen sollten in die leeren Vorratskammern Ned Muddles und seiner zügellosen Kumpane wandern.

Es hätte auch die Möglichkeit gegeben, mit einer Geldstrafe davonzukommen. Aber weder Ned noch seine

Gefolgsmannen hatten die aufbringen können, da es ihnen an den notwendigen Rücklagen mangelte. Auch gab es keine zahlungskräftigen Freunde, Nachbarn oder Bekannte; es blieben nur noch die eigenen gepeinigten Angehörigen als letztmöglicher Ausweg aus der Bedrängnis. Zum Leidwesen der verurteilten Wilderer hatten die aber schon genug verpfändet und sich weit mehr verausgabt, als eigentlich Rechtens war. Ned Muddle und seine Komplizen saßen die volle Zeit ab.

Die beiden Freunde standen nicht länger müßig herum. Sie trollten sich Richtung Klippen; von dort hatte man eine blendende Sicht auf die breiteste und tiefste Stelle des Flusses. Sie standen mit den Händen in den Taschen da und suchten mit geübtem Blick die ruhige Oberfläche des Wassers nach verräterischen Anzeichen ab.

Minuten vergingen, aus den Minuten wurde eine Viertelstunde; sie harrten aus. Dann geschah es! Ein glänzender Lachs, ein eindeutig kräftiges Tier, hob sich aus der Mitte des Flusses, um gleich darauf mit einem gewaltigen Klatscher wieder zu verschwinden. Das aufgepeitschte Wasser formte sich zu kleinen Wellen und Kräuselungen, die an die Ufer trieben.

Die Freunde nahmen die Hände aus den Taschen und verständigten sich mit einem Blick. Es bedurfte keiner Worte. Was ein richtiger Wilddieb ist, macht ohnehin nicht viel Aufhebens, und so eilten die zwei zu ihrem geliebten Posten an der Ecke zurück, ohne unterwegs auch nur eine Silbe geäußert zu haben.

»Alles, was man für 'ne Reuse braucht, hab ich in meinem Schuppen. Liegt da und wartet, braucht nur noch 'nen geschickten Menschen wie dich.«

Ned Muddle fühlte sich geschmeichelt. Er war in der Gemeinde nicht gerade beliebt. Frau und Kinder behandelte er häßlich, dazu war er niederträchtig und unaufrichtig. Daß man ihn lobte, kam selten vor.

Er galt nicht nur als gerissen, feige und unzuverlässig, er hatte in den letzten fünfzehn Jahren auch keine Kirche mehr von innen gesehen, und sogar das war nur zu seiner Hochzeit gewesen. Selbst am heiligen Sakrament hatte er widerstrebend teilgenommen, und vermutlich hätte er sich gänzlich davor gedrückt, wenn nicht die zukünftige Verwandtschaft darauf bestanden hätte. Die hatten ihm zu verstehen gegeben, sie würden ihm schlichtweg eine Kugel durch den Kopf jagen, sollte er sich nicht zur festgesetzten Zeit in der Kirche einfinden.

Der Priester des Kirchspiels, etliche Hilfspfarrer, umherziehende Missionare und andere fromme Leute hatten ihn inständig gebeten, sich zur Kirche zu bekennen, doch Ned Muddle blieb stur und wollte sich nicht fügen. Die Nachbarn vergaben ihm ohne Zaudern alle seine sonstigen Verfehlungen, aber das mit seiner Gottlosigkeit ging ihnen zu weit.

»Ich mach die Reuse«, sagte Ned Muddle mehr zu sich als zu seinem Freund, der übrigens Fred hieß. In weniger als zwei Stunden hatten sie das Ding gebaut. Fred trat einen Schritt zurück, um das handgearbeitete Stück zu begutachten, bei dessen Herstellung er selbst kaum tätig geworden war.

»Ein richtiges Kunstwerk«, urteilte er. »Ganz Ballybradawn kann auf dich stolz sein. Kein Lachs, der was auf sich hält, schwimmt dran vorbei.«

Ned Muddle lächelte selten; jetzt tat er es. Der Bau von Reusen war sein Metier. Selbst seine Erzfeinde, die Flußwächter, gaben unumwunden zu, daß er es am besten konnte. Fred nahm die Reuse auf und trug sie ins Schlafzimmer, das er mit seiner Frau teilte. Dort stellte er sie behutsam auf dem großen Ehebett ab, das fast den ganzen Raum einnahm. Jetzt mußte man nur noch bis zur Abenddämmerung warten, und dann konnte man hinunter zum Fluß. Sie würden die Strömung und den Durchzug der Fische durch den Bau eines niedrigen Steinwalls von einem Ufer zum anderen behindern; in der Mitte mußte man ein Loch aussparen. Die dort entstehende stärkere Strömung würde den flußaufwärts ziehenden Lachs anlocken. In besagte Lücke kam die Reuse, die so konstruiert war, daß der dumme Fisch zwar hinein, aber nicht wieder heraus konnte. Den Boden des Käfigs mußte man mit Steinen beschweren, denn da er aus leichtem Material gefertigt war, konnte er sonst durch die Kraft der aufgestauten Strömung leicht mitgerissen werden.

Ned Muddle war ein wortkarger Mann, selbst bei besonderen Anlässen sprach er wenig; wortgewaltig war er nur, wenn er über Frau und Familie herfiel. Auch sein Freund Fred mied, wenn irgend möglich, Unterhaltung, und das war gut für das, was sie vorhatten. Leider war Freds Frau genau das Gegenteil, dazu ein ausgesprochen umgänglicher Mensch. Wenn sich die Gelegenheit bot, konnte sie stundenlang mit Freunden und Nachbarn schwatzen, und war keiner von beiden greifbar, ging sie auch auf völlig Fremde zu und plauderte mit denen. Sie konnte keinem böse sein, und selbst Fred, der selten auf ihr harmloses Geschwätz achtete, wäre der erste gewesen, der seine Hand dafür ins Feuer legte, daß seine Frau nie die Unwahrheit sprach oder einem anderen etwas Häßliches nachsagte.

Wie es ihre Gewohnheit war, ging sie auch an jenem Abend nach dem Essen in die Pfarrkirche, wo sie und ihresgleichen und auch einige ältere Männer sich zur Abendandacht einfanden. Auf dem Heimweg konnte es die gute Frau nicht lassen, fing eine Nachbarin ab und vertraute ihr in allen Einzelheiten die geplante Expedition ihres Mannes und seines Freundes Ned Muddle an.

»Ich weiß ja, daß du keiner lebenden Seele auch nur ein Sterbenswörtchen verrätst«, schloß sie ihren Bericht.

»Wo werd' ich denn!« wurde ihr beteuert, und schon rannte die Frau davon, so schnell sie nur die Beine trugen, um die Neuigkeit von dem bevorstehenden Unterfangen jedem, der sie hören mochte, brühwarm weiterzuerzählen. Die meisten nahmen die Sache nicht recht ernst, und das aus gutem Grund – frühere Enthüllungen von dieser Person hatten sich immer als Hirngespinste erwiesen. Andere aber, namentlich die Frauen und Liebchen der sattsam bekannten Wilderer im Dorf, merkten sich das Gehörte gut und informierten ihre Männer. Die warteten dann nur auf den richtigen Moment.

Keiner weiß besser, wann er zuschlagen muß, als ein Wilderer. Da sie von Berufs wegen in aller Heimlichkeit agieren müssen, gehen sie im Abwägen des richtigen Zeitpunkts geradezu professionell vor, aber wie sie es so genau hinkriegen, mag vielen ein Rätsel sein. Ihre Taktik besteht darin, nicht vordergründig den passenden Augenblick abzuwarten, sondern sich betont einem Zeitvertreib hinzugeben, der überhaupt nichts, rein gar nichts mit der Wilddieberei zu tun hat, dem Kartenspiel zum Beispiel oder Wurfpfeilschießen; und jüngere, unverheiratete Mitglieder dieser verschworenen Bruderschaft schäkern dreist mit ledigen Frauenzimmern.

Der Abend zog sich hin; Ned und Fred beobachteten das Tun und Lassen der Flußwächter aus dem Dorf. Es waren nur zwei. Weitere aus den umliegenden Dörfern würde man nur heranholen, wenn der Gebietsinspektor es für geraten hielt. Die beiden Wächter wohnten nicht weit auseinander, so daß es unser Freundespaar nicht sonderlich überraschte, als eine halbe Stunde vor Mitternacht der eine mit seiner Frau zum Haus des anderen ging. Zehn Minuten später kamen alle vier wieder heraus und machten sich auf den Weg zur Kirche, wo Punkt zwölf die Mitternachtsmesse beginnen würde und wo, mit Gottes Hilfe, die Herzen der Männer und Frauen weit werden würden vor Güte, Nächstenliebe und Vergebung – Gefühle, wie sie nur das Weihnachtsfest hervorbringt.

Kaum hatten sich Fred und Ned davon überzeugt, daß die hell erleuchtete Kirche die Flußwächter und deren Frauen aufgenommen hatte, hasteten sie zu Neds Haus und ins Schlafzimmer, um die Reuse zu holen. Fred ging vorneweg, Ned folgte mit der Reuse. Sie vermieden die Hauptstraße durch das Dorf und auch die breiteren Feldwege. Manchmal, wenn sie an einzeln stehenden Anwesen vorbeikamen, schlug ein Hund an, und als sie sich dem Fluß näherten, kam ihnen ein Trunkenbold entgegen, der auf dem Heimweg war; erst beschimpfte er sie mit unflätigen Worten, und dann wünschte er ihnen ein frohes Fest. Sie wünschten ihm das gleiche und zogen vorsichtig weiter. Keine fünf Minuten, und sie hatten das Flußufer erreicht – vielleicht zweihundert Meter vom Dorf entfernt. Sehr wohl war ihnen nicht zumute, als sie die Reuse gesetzt hatten, denn vom Ufer aus mußten sie feststellen, daß das Licht der nächstgelegenen Laternen genau auf die Stelle mit der Reuse fiel. Aber wenigstens am Himmel schob sich von Südwest eine große Wolke vor, verdunkelte den Mond und bescherte damit auch der Szene unten willkommene Dunkelheit. Weitere Wolken zogen vorbei, so daß die ganze Zeit über ein Wechsel von Hell und Dunkel entstand, Lichtverhältnisse, wie sie Wilddieben und ähnlichem Gelichter, das sich gegen die landläufigen Gesetze vergeht, sehr zupasse kommen.

Lange Perioden von Dunkelheit, unterbrochen von kürzeren Perioden mit Mondschein war, was Ned und Fred brauchten. Sie hatten sich ein Plätzchen auf trockenen Steinen gesucht und wagten nicht zu sprechen. Hin und wieder stießen sie sich an, um sich auf die Laute der Nacht aufmerksam zu machen, wie zum Beispiel auf das unverkennbare Wühlen eines Dachses oder das entfernte Gekläff einer Füchsin, die ihren Partner lockte. Vom jenseitigen Ufer hörte man den charakteristischen Ruf eines Fasans, rauh, aber durchdringend. Schweigend lauschten sie dem verstohlenen Kommen und Gehen der kleineren Bewohner im Unterholz, all dem Wispern, Zirpen und Rascheln, das der Nacht eigen ist. Am aufmerksamsten aber lauschten sie der sanften Hintergrundmusik des fließenden Wassers, die bei den Stromschnellen etwas lauter, an den seichteren Stellen leiser klang, und auf das harmlose Plätschern der kleinen Wellen. Letztere waren kaum noch zu hören, aber das sitzende Paar nahm sie dennoch wahr, so, wie auch einem aufmerksamen Dirigenten nicht die zarteren Töne einer großen Sinfonie entgehen.

Sanfte Brisen strichen durch die harten Ufergräser und bewirkten ein Rascheln im Gestrüpp. Über ihnen funkelten die Sterne, und wenn es die ziehenden Wolken zuließen, schien der Mond hell. Nie hatte Ned Muddle sich so sicher gefühlt wie jetzt. Die Fülle der nächtlichen Laute übte eine besänftigende Wirkung auf ihn aus, und seine Ängste waren gewichen. Seinem Freund Fred ging es ähnlich, auf seinem Gesicht lag ein Schimmer inneren Friedens – selten nimmt man den auf einem menschlichen Antlitz wahr. Sie befanden sich völlig im Einklang mit der Stimmung der Natur. Zuweilen beugten sie sich vor in gespannter Erwartung, und manchmal standen sie auch halb auf, aber immer war es nur der Fluß, der seinen Geräuschpegel änderte. Mit sinkender Flut wurde die Begleitmusik leiser, erzeugten die geringer werdenden Hemmnisse eine andere Melodie.

Vom Glockenturm der Kirche schallte das Geläute zur Mitternacht, klar und deutlich. Ned Muddle und sein Freund bekreuzigten sich. Beim letzten Glockenschlag schossen beide hoch, spitzten mit angespannter Miene die Ohren.

»Hast du das Platschen gehört?« fragte flüsternd Ned Muddle.

»Irgendwas war da«, erwiderte sein Kumpel.

»Dann sollten wir lieber mal nachschauen.« Ned Muddles Stimme klang schon zuversichtlicher.

Sie wateten durch das flache Wasser, und da sahen sie ihn, den Vorboten der Lachsschwärme, in der Reuse gefangen und so wunderschön glitzernd, daß es kein Stern am Himmel mit ihm aufnehmen konnte. Es war ein prachtvolles Männchen, makellos, soweit sie sehen konnten, und mit einem seidigen Glanz, wie ihn die Natur nur im Wasser lebenden Tieren beschert. Bei einem längeren Aufenthalt im oberen Flußlauf hätte die Farbintensität gelitten, so aber leuchtete und schillerte der

Neuankömmling, der eben erst den Atlantik verlassen hatte. Kurz untersuchte der Fisch die fremde Umgebung, und als er keinen Ausschlupf fand, begann er wie wild um sich zu schlagen. Aber es nützte ihm nichts. Ist ein Lachs erst einmal in eine gediegen gefertigte Reuse geschwommen, ist sein Schicksal besiegelt.

»Der hat seine zehn Pfund«, rief Ned Muddle begeistert.

»Wenn's nicht sogar zwölf sind«, setzte sein Kumpan noch eins drauf.

Ohne langes Hin und Her hoben sie die Reuse an und schleppten sie ans Ufer. Ned packte den zappelnden Fisch an den Kiemen und zerrte ihn heraus, legte ihn auf die Kieselsteine, packte ihn fest am Schwanz, daß er wie in einem Schraubstock eingeklemmt war, und versetzte ihm mit einem großen Brocken einen heftigen Hieb auf den Kopf. Die Hände in die Hüften gestützt – eine Haltung, die sein Freund nachahmte – stand er eine Weile da und bewunderte das Ebenmaß seiner Beute. Nur hin und wieder ging ein kaum wahrnehmbares Zucken durch den Fisch.

»Los«, drängte Ned Muddle seinen Komplizen, »schnell, wo einer ist, gibt's noch mehr.«

»Laß uns lieber gehen, solange die Luft rein ist«, warnte Fred.

»Nein!« Ned Muddle blieb hartnäckig, und fröhlich lachend fügte er hinzu: »Wir verstecken den Burschen hier im Gebüsch und holen noch sein Weibchen.«

Kaum hatte er das gesagt, da schrillte ganz in der Nähe eine Pfeife. Der Ton war laut und grell und zerriß nicht nur die nächtliche Stille, sondern ging auch den Wilddieben durch Mark und Bein. Sie standen wie gelähmt und angewurzelt, vermochten nicht, sich von der Stelle zu rühren. Dann hallte ein Schuß durch die friedliche Nacht, kam ohrenbetäubend aus dem nahegelegenen Dickicht. Ein zweiter Schuß folgte und machte dem Reusenbauer und seinem Helfershelfer Beine. Fred rannte als erster los. Wie ein Gejagter hechtete er am Flußufer entlang. Ned Muddle, ein ausgemachter Feigling, hastete in den Ort.

»Im Namen des Gesetzes, halt!« gellte es aus dem Buschwerk, aus dem auch die Schüsse abgegeben worden waren. Aber der Ruf trieb die beiden Fliehenden nur zu noch größerer Eile an. Sie rannten um ihr Leben. Als nach etwa hundert Metern Ned Muddle merkte, daß er unverwundet war, hielt er auf die Kirche zu, aus der einträchtiger Gesang überwältigend nach draußen drang. Mit vor Schreck geweiteten Augen versuchte er keuchend, den einzigen Zufluchtsort zu erreichen, den er kannte. Konnte man wissen, wann eine Kugel im Rükken seinem Leben ein Ende bereitete? Daß die Flußwächter des Bradawn gar nicht berechtigt waren, Waffen zu führen, daran dachte er nicht; auch die Schutzleute im Ort hatten sich nie aufs Schießen verlegt. Erst später ging ihm auf, daß die Unterwelt von Ballybradawn, wie er die Fischräuber dann bezeichnete, die Ballerei veranstaltet hatte. Fast hatte er es geschafft. Der Singsang von fünfhundert Stimmen, der zum Adeste anschwoll, trieb ihn vorwärts. Atemlos betrat er das geheiligte Refugium; Licht und Gesang umfingen ihn. Von der Kanzel herab leitete der Priester, ein würdiger und korpulenter Mann, hingebungsvoll den Gesang. Dann sah er den völlig aufgelösten und verwirrten Ned Muddle, den Wilddieb, Frauenpeiniger, Flegel und Säufer, und ließ die Arme sinken. Ned kannte er sehr wohl, kannte ihn seit Jahren als gottlosen und frevlerischen Schurken. Dem Seelenhirten blieb der Mund offen stehen, einen Laut brachte er nicht hervor. Die große Chorgemeinde, so plötzlich ohne Leitung, verstummte, und alle folgten verwundert dem erstarrten Blick ihres Pfarrherrn. Sie entdeckten einen zerknirschten Ned Muddle, dem der Angstschweiß auf der Stirn stand. Reumütiger hätte ein Sünder nicht aussehen können. Es gab manche unter ihnen, die nicht wußten, ob sie lachen oder weinen sollten. Sie sahen wieder zum Priester, erhofften sich von ihm ein richtungweisendes Wort.

»Mirabile dictu!« intonierte er mit Tränen in den Augen. Jubilierend griff die Gemeinde die lateinischen Worte auf. Was sie bedeuteten, wußten die meisten nicht, aber es war Latein, und damit heilig.

Nach der Messe zog Ned Muddle geläutert hin in Frieden. Fast erübrigt es sich zu sagen, daß er sich völlig änderte, sich der Gnade Gottes erfreute, daß er ein Mustergatte und guter Vater wurde und daß die Nachbarn zu ihm strömten, wenn sie Rat und Trost suchten. Er brachte es sogar bis zum Gemeindeküster, und das ist in Ballybradawn nach dem Hilfspfarrer das höchste geistliche Amt.

Scubblelei

Martin Scubble und seine Frau Mary wohnten am Rande des Torfmoors. Auf ihrem kleinen Anwesen stand das letzte mit Stroh gedeckte Haus in Tubberscubble, so nämlich hieß die Gegend. Seit Generationen schon bewirtschafteten die Scubbles ihre dreißig Morgen Torfstich, und das war ihr ganzer sumpfiger Besitz.

Martin war der letzte der Scubbles. Er behauptete, nie in seinem Leben Kinder vermißt zu haben, und Mary meinte, sie hätte ja ein Kind.

»Martin ist wie ein großes Kind«, pflegte sie zu sagen, »ohne mich käme der gar nicht zurecht.«

Auch wenn sie keine eigenen Kinder hatten, so gab es doch immer Kinder im Haus, und das lag an dem Moor, das praktisch das ganze Jahr über bearbeitet sein wollte. Im Sommer verging kein Tag, ohne daß zur Teepause ein Junge oder ein Mädchen aus der Stadt oder Umgebung hereinschaute und um heißes Wasser bat, das bei Mary Scubble stets gratis zu bekommen war. Torfstecher, Torfwender und Torfaufschichter, Erwachsene und Kinder, saßen dann in munteren Gruppen auf Torfsoden und Heidekrautbüscheln und genossen unter freiem Himmel jeden Bissen ihrer einfachen Brotzeit.

»Es muß am Moor und an der Luft hier liegen«, sagten jedesmal die Alten, »nirgendwo hat man so einen Appetit wie hier.«

»Ich werde hier immer hungrig wie ein Wolf«, war auch so eine Bemerkung, die man zu hören bekam.

Mit ausgehendem Winter oder nahendem Frühling rückten dann die Besitzer all der unzähligen Torfstapel mit ihren Pferde- und Eselskarren an, um ihre aufgebrauchten Vorräte in den Schuppen und Torfgestellen wieder aufzufüllen. Zog plötzlich ein Gewitter auf oder bestand die Gefahr, daß der Regen sie völlig durchnässen würde, fanden auch sie unter dem Schilfdach der Scubbles Zuflucht und heißen Tee.

Martin und Mary Scubble waren geradezu sträflich großzügig. Egal, wer kam, jeder wurde in dem bescheidenen Haus willkommen geheißen. Dank der Güte des Herrn, den beide verehrten, kam es nie zu einem bösen Wort zwischen den beiden, mit einer Ausnahme, und das war zu Weihnachten; da war es vorbei mit der Eintracht im trauten Heim, und beide waren wie verwandelt. Zum Glück währte das nicht lange, aber es reichte, um das junge Volk von nah und fern anzulocken. Pünktlich vor Einfall der Dunkelheit fanden sich die Jungen und Mädchen am Sonntag vor Weihnachten auf dem Moorland ein und verbargen sich in den baufälligen Schuppen rund um das Bauernhaus.

»Scubblelei« nannten die jungen Leute dieses jährliche Schauspiel. Wollte man den Alten im Dorf Glauben schenken, so spielte sich die Szene nun schon seit vierzig Jahren ab, zum ersten Mal gleich, nachdem Mary Scubble als die neue Frau im Scubble-Hausstand Einzug gehalten hatte. Einige vertraten die Ansicht, daß sich die Scubblelei nur deswegen immer noch wiederhole, weil die beiden nichts Besseres zu tun hätten, doch andere und scharfsichtigere Beobachter sahen das nicht so. Mit zunehmendem Alter nahmen die Nachbarn weniger Notiz von der Marotte der Scubbles. Sie hatten sich daran gewöhnt, es war für sie nichts Besonderes mehr. Anders die jungen Leute, die sich vielsagend zunickten und zuzwinkerten, wenn der besagte Sonntag nahte.

»Bis Sonntag bei den Scubbles«, tuschelten sie unter Lachen. Im Ergebnis erster Begegnungen dort war es bei vielen zu ernsthaften Beziehungen gekommen, und nicht wenige hatten schließlich geheiratet. Das Scubble-Anwesen war zu solch einem Anziehungspunkt geworden, daß sich – unbemerkt von den Bewohnern – an die fünfzig Jugendliche dort trafen, und zwar kurz bevor sich die Wintersonne neigte und schließlich im Westen unter den Horizont sank.

Früher hatten sich Jahr für Jahr nur ein paar Neugierige vor dem Paar versteckt, hatten sich mäuschenstill verhalten, bis dann das eigentliche Spektakel begann. Im Laufe der Zeit aber, da die Scubbles älter und gebrechlicher wurden, bestand kein Grund mehr zur Sorge, von Martin und Mary entdeckt zu werden, und man konnte auf alle Vorsichtsmaßnahmen verzichten.

Jetzt kamen die Burschen mit ganzen Kästen Bier und Wodkaflaschen. Natürlich wurde auch geraucht. Bei aller Ausgelassenheit aber blieb das muntere Treiben unter Kontrolle, denn entdeckt werden wollte man nicht. Im Hause machten es sich Martin und Mary nach dem Abendessen gemütlich. Sie saßen links und rechts vom Kamin; aus der offenen Feuerstelle, die sie mit Torfstücken gespeist hatten, züngelten Flammen hoch, gaben der Küche Licht und warfen geheimnisvolle und sich immer wieder ändernde Schatten an die Wand. Das Bild vermittelte den Eindruck von Ruhe und Entspannung. Jetzt war der Zeitpunkt gekommen, da sich draußen die jungen Leute näher ans Haus wagten, sich leise an der Eingangstür und vor den Fenstern zusammendrängten, die Nähe zueinander suchten und vergnügt, aber ohne jeden Lärm, sich ihre Flaschen zureichten und tranken. Drinnen richtete sich Martin auf seinem Stuhl auf, preßte die Handflächen aneinander und eröffnete das Spiel.

»Weißt du noch, vergangenes Jahr, als wir uns so erbärmlich gestritten haben?«

Geduldig wartete er auf eine Antwort seiner Frau. Als keine kam, spuckte er geräuschvoll ins Feuer und nahm zu einem zweiten Versuch Anlauf.

»Weißt du noch«, fragte er jetzt lauter und aggressiver, »wie wir uns genau vor einem Jahr, genau hier und Sonntag war's, in die Wolle bekommen haben?«

Immer noch keine Reaktion von Mary. Er betrachtete ihr Stillschweigen als das Provokanteste, was eine Frau einem seit Jahren unter ihr leidenden Ehemann bieten konnte; wütend stampfte er mit den Füßen auf, erst mit dem einen, dann mit dem anderen, um seiner Empörung stärkeren Ausdruck zu verleihen.

»Verdammt noch mal«, tobte er, »bist du taub, oder was? Soll ich die ganze Nacht nur mit mir allein reden?«

Er blickte zu ihr hinüber, sein Gesicht war regelrecht verzerrt vor Zorn. Fast hatte man den Eindruck, er wolle ihr an die Kehle und sie für ihre unverschämte Provokation strafen. Er stand auf und rang nach Worten.

»Nur das eine will ich von dir wissen«, schrie er sie an, »nichts weiter. Erinnerst du dich oder erinnerst du dich nicht an unseren Zank letztes Jahr, als wir uns darüber stritten, was für ein Viech es war, das über unser Bett gewatschelt war, weil wir das Fenster offen gelassen hatten, eine Ente oder ein Erpel?«

»Ich kann mich an nichts dergleichen erinnern«, keifte sie mit aller Macht zurück. »Aber ich werde dir sagen, woran ich mich erinnere. Nämlich folgendes: Es ging weder um eine Ente noch um einen Erpel. Worüber wir uns stritten, war, ob es ein Hahn oder eine Henne war, und Enten und Erpel haben überhaupt nichts mit der Sache zu tun.«

»Mein Gott, was bist du für ein pingeliges altes Weib«, brüllte Martin Scubble. »Es ging um Enten und Erpel!« Er hämmerte mit beiden Fäusten auf den wackligen Küchentisch. »Vor jeden Gerichtshof will ich gehen und auf die Heilige Schrift schwören, daß es Enten und Erpel waren.«

»Schwören kostet nichts«, erwiderte Mary ruhig, »wenn du einen Meineid leisten willst, bitteschön. Aber das laß dir gesagt sein, du alter Bock, du – mit deinen vergammelten Zähnen! Du kannst schwören, so lange du willst, meinetwegen, bis dir die Bibel in den dreckigen Pfoten brennt – es wird nichts an der Tatsache ändern, daß wir uns wegen Hahn oder Henne gestritten haben.«

»Verdammte Lügnerin!« fauchte er. »Wenn Tisch und Stühle sprechen könnten, wenn Fenster aussagen könnten, würde man dich wegen Meineid deportieren, und du würdest nie wieder ein Stück von diesem Land oder seinem Himmel sehen.«

Draußen rückten die Jungen und Mädchen in der Kälte der Nacht noch enger aneinander und vergnügten sich. Gegenüber dem Vorjahr hatte das Wortgefecht nichts an Haß und Bitterkeit eingebüßt; eher hatte man den Eindruck, daß trotz ihres vorgerückten Alters die Scubbles giftiger zueinander waren denn je.

In der Küche herrschte kurzes Schweigen; man mußte

für die Fortsetzung des Streitgesprächs frisch auftanken. Solange sie zurückdenken konnten, hatten sie sich über ein und dasselbe Thema gestritten – aber darüber würden sie kein Wort verlieren. Worauf es jetzt ankam, war, sich unbeirrt hochzugeifern und die Feindseligkeit zueinander auf die Spitze zu treiben. Als sie den Streit wieder aufnahmen, überschlugen sich ihre Stimmen fast. Die Schaulustigen draußen waren schon besorgt, daß die Kampfhähne ihre Stimmbänder mit dem Geschreie überfordern könnten und das Schauspiel vorzeitig enden würde. Vor ein paar Jahren war das schon einmal passiert. Die gegenseitigen Schuldzuweisungen hatten ihren Höhepunkt erreicht, als Mary Scubbles Stimme plötzlich versagte und sie damit das Schlachtfeld ihrem Mann überließ. Die Situation frustrierte beide Scubbles und ihre Zuhörer gleichermaßen, und später meinten alle, die ein Wörtchen mitreden konnten, daß es der enttäuschendste Auftakt zu einem Weihnachtsfest gewesen sei, den es je gegeben hätte.

Fast hatte man den Eindruck, daß die Scubbles befürchteten, es könnte wieder so weit kommen, denn wie in stiller Übereinkunft bremsten sich beide und hielten völlig unerwartet ein in ihren gegenseitigen Beschuldigungen und Beschimpfungen. Sie gönnten ihren überbeanspruchten Stimmbändern eine Ruhepause. Die Lauscher vor dem Haus vermuteten, daß gleich das Beste des Abends kommen würde. Sie wappneten sich für den Schlußakt mit einem letzten Schluck aus den fast leeren Flaschen und zündeten sich neue Zigaretten an.

Das hitzige Wortgefecht in der Küche, das bald seine Fortsetzung fand, glich einem Sperrfeuer, eine Salve kam vernichtender als die andere.

»Der Teufel ist geradezu ein Schatz«, bekannte Mary Scubble zum großen Vergnügen der Fangemeinde vor der Tür, »verglichen mit einem gewissen Jemand, der keine Armlänge von mir entfernt sitzt, ist der Teufel ein wahres Goldstück.«

Dieser ungeheuerliche Vergleich brachte Martin Scubble vollends in Rage, und er schlug mit einer Gehässigkeit zurück, die man von ihm nicht erwartet hätte.

»Sag mir das noch einmal ins Gesicht«, brüllte er, »sag's noch einmal, du Miststück, du Flittchen du, das mit Verleumdern und Bettelpack kungelt. Wage es noch einmal, das zu sagen, du schamloses Weibsstück, mußtest erst fünfundzwanzig werden, ehe du überhaupt wußtest, wozu Schlüpfer oder Unterhosen gut sind. Noch einmal, du Xanthippe, und du hast mein Ehrenwort, schikanieren lasse ich mich nicht länger von dir! Läutern werde ich dich nach allen Regeln der Kunst, werd' dir deinen dämlichen Kopf waschen mit einem Zweipfundtopf Himbeermarmelade und dich taufen mit deiner eigenen Pisse; deinen Nachttopf kipp ich dir übern Schädel, seit Wochen haste den nicht mehr geleert.«

Mary Scubble stand auf, verschränkte drohend die Arme und warf den Kopf zurück, um ihrem nächsten Vorstoß mehr Gewicht zu verleihen.

»Ich sage, was mir paßt«, erwiderte sie und schrie es fast heraus, und ihre Stimme zitterte nicht im mindesten. »Solange mich meine Füße tragen, lasse ich mich nicht von so 'nem Lumpen, wie du einer bist, einschüchtern, ob mit oder ohne Marmeladenpötte. Meine Leute haben nicht gekuscht vor den englischen Terrorbanden, auch nicht vor der britischen Polizei, und ich kusch' schon gar nicht vor so 'nem wie dir, du lausiger Hergelaufener du, der seiner Mutter nicht ihre Tasse Tee gönnt. Wenn du nicht auf der Stelle aufhörst zu lärmen und zu randalieren, du kahlköpfiger Streithammel, nehm ich 'ne rostfreie Schere und schnippel dir deinen welken Pimmel ab.«

»Hat einer so was schon mal gehört«, wandte sich Martin Scubble an das Feuer im Kamin, als brauche er einen Zeugen. »So ein ruppiges Rabenaas«, höhnte er. »Keine Gans ist so blöd, keine Elster krächzt so wie sie, kein Dachs ist dermaßen fleckig und grau, und so was wie die nennt sich Christenmensch.«

»Nun hör sich einer an, was der da schwätzt«, beeilte sich Mary einzuwerfen, ehe er seinen Vorteil weiter ausbauen konnte, »so 'nen hohlen Schädel, wie der hat, und wackligen Kopf, auf dem schon seit vierzig Jahren kein schwarzes Haar mehr wächst, und Runzeln am ganzen Körper, tiefere Furchen kann nicht mal ein Pferd beim Pflügen ziehen. Einzig und allein die heilige Konsekration kann dich retten, Weihe durch den Bischof und die vier Stiftsherren der Diözese, dann nichts wie rein mit dir in ein Faß mit Weihwasser, und neun Tage und neun Nächte lang tüchtig gestukt, bis das Böse von außen und innen weggewaschen ist; und zusehen muß man, daß nichts als Dampf von dem Wasser übrigbleibt, und den muß man bis ans Ende der Welt blasen, sonst tät deine Schlechtigkeit womöglich noch die ganze Menschheit verseuchen.«

Unversehens ging Martin Scubble auf seine Frau zu, und man mochte glauben, er würde sie schlagen, aber nein! Er begnügte sich ein weiteres Mal mit Worten.

»Es widerspricht meinem Wesen, Blut einer Frau zu vergießen«, erklärte er kalt und mordlustig, »aber wenn du nicht deine Zunge zügelst, wird dein Blut wie Wasser strömen; also hüte deine spitze Zunge, die man dir eigentlich ausreißen und zu Hackfleisch zermahlen sollte.«

Mary Scubble umkreiste ihren Mann wie eine Katze, die eine Maus im Visier hat.

»Der ist verrückt geworden, so viel steht fest«, ließ sie die Kohlenzange wissen, die sie jetzt gegriffen hatte. Dann schwang sie wie ein Derwisch das unhandliche Werkzeug über ihrem Kopf und schlug damit ins Feuer. Die hell lodernden Torfbrocken fielen zusammen, und Funken stieben in alle Richtungen. Martin schützte den Kopf mit den Händen und wich sicherheitshalber zur Tür zurück.

»Ins Irrenhaus gehörst du«, donnerte er los, nachdem er sich vergewissert hatte, daß er außer Reichweite der tödlichen Waffe war, mit der seine Frau wild um sich fuchtelte; man konnte ja nie wissen, was sie vorhatte. »Aber welche Klapsmühle würde eine wie dich aufnehmen, eine, die nur Unheil stiftet und Unruhe bringt. Nur so ein Gemütsmensch wie ich kann dich ertragen! Wenn ich eines Tages dem heiligen Petrus gegenüberstehe, begrüßt er mich gewiß mit den Worten: ›Komm rein, komm rein, Martin Scubble, mein armer, unglücklicher Mann, du hast ja schon die Hölle auf Erden gehabt!‹«

»Hör endlich auf, du alter nervender Idiot!« geiferte seine Frau. »Halt's Maul, oder ich packe deine Lästerzunge mit der Zange und reiße sie dir aus deiner widerwärtigen Fresse!«

»Halt du lieber das Maul, alte Schlampe!« gab er zurück, aber man merkte deutlich, daß seine Kraft erlahmte, und Mary ging es nicht anders, denn sie hatte die Feuerzange fallen lassen und wanderte jetzt durch die Küche, den Kopf in den Händen vergraben. Dann stützte sie sich auf den Tisch, hob den Blick zur Decke und stieß in hohen Tönen Klagelaute aus.

Martin ließ sich erschöpft auf einen Stuhl fallen; da saß er, mit offenem Mund, die Beine von sich gestreckt, und die Arme baumelten schlaff herab – der Inbegriff von Erschöpfung und Niedergeschlagenheit.

Draußen in schneidender Kälte hielt sich die lachende Menge die Hand vor den Mund, damit kein Laut ihrer Fröhlichkeit und Ausgelassenheit zu dem leidenden, erschöpften Paar in die Küche drang.

Aus der Ferne hörte man das Gejaule der Windhunde und Collies, der Terrier und Stöber, als wollten sie in das Gejammere von Mary Scubble einstimmen. Nicht ein Hund bellte, vielmehr jaulten sie zu Herzen gehend den Mond und die Sterne an, taten es mit Inbrunst und Mitgefühl, als verstünden sie die Not des wahnsinnigen Geschöpfs, das derart wehklagte. Das Winseln hielt etliche Minuten an, ebbte dann ab, bis schließlich in der Ferne und auch im Hause Stille herrschte.

Die jungen Zuschauer versammelten sich an der Tür des Scubble-Hauses. Leise klopfte eins der älteren Mädchen an, als aber keine Antwort kam, drückte sie sachte auf die Klinke und trat ins Halbdunkel. Die anderen drängten nach. Sie waren keineswegs überrascht, als sie Martin auf einem Stuhl am Kamin sitzen sahen mit Mary auf dem Schoß. Auf den zerfurchten Gesichtern lag ein freundliches Lächeln, und Martin strich seiner zufriedenen Frau zärtlich über das graue Haar.

»Fröhliche Weihnacht«, riefen die jungen Leute im Chor.

Mary und Martin saßen wie im Traum. Die Mädchen

und Jungen schürten das Feuer und zogen leise von dannen. Auf ihrem Heimweg fanden sie übereinstimmend, daß dieses Jahr die Scubblelei alle bisherigen übertroffen hatte, daß es schon Jahre gegeben hatte, da der Streit und Lärm fast unerträglich war. Einige waren überzeugt, daß dieses Erlebnis sie ein Leben lang begleiten würde, sich als heilsame Erinnerung halten würde, eine Geschichte, die man weitererzählen, eine Episode, an der man sich immer wieder erfreuen würde. Andere waren von weicherem Gemüt; sie konnten sich Situationen vorstellen, da es ihnen nicht anders als Martin und Mary gehen würde.

Alle aber würden das Auf und Ab der Reinigungszeremonie, die als die Scubblelei bekannt geworden war, getreulich weitergeben. Alle – obwohl die meisten weniger sensibel, eher sorglos waren – kamen zu der Schlußfolgerung, daß selbst den eigenen Familien als Einstimmung auf das Weihnachtsfest so ein Scubble-Ritual gut täte, auch wenn sie aus einem vergleichsweise sicheren, gediegenen, augenscheinlich glücklichen, aber irgendwie glanzlosen Zuhause kamen. Einige meinten, sie würden keinem so etwas wünschen. Die Nachdenklicheren unter ihnen fanden jedoch, wenn Menschen wie Martin und Mary, die ein so hohes Alter erreicht hatten, einmal im Jahr ein solches Ritual brauchten, dann könne man zu Recht annehmen, daß es in der einen oder anderen Form alle Menschen brauchten; wahrscheinlich beträfe es sogar in erster Linie die, die es für sich am wenigsten wahrhaben wollten. Zugegeben, für die jungen Leute in und um Tubberscubble wäre es dann nicht mehr der Spaß des Jahres.

Ein Weihnachtstauber

Was jetzt folgt, ist eine Weihnachtsgeschichte besonderer Art. Sie erzählt vom Liebesspiel, von romantischen Abenteuern und Verführungen in der Vogelwelt. Wie andere Geschichten auch, beruht sie auf einer wahren Begebenheit, die sich in meinem Heimatort zutrug. Zeitlich ist sie etwa da anzusiedeln, als der Frack aus der Mode kam und man die einzige nach dem System Lartigue in Irland gebaute Einschienenbahn stillegte.

Es begab sich also, daß zwei junge Damen aus der sogenannten gehobeneren Klasse an einem Septembermorgen im Arms Hotel abstiegen und den Manager zu sprechen wünschten. In wohlgeformten Sätzen, deren Sprachmelodie eine nicht-keltische Abstammung verriet, erklärten sie ihm, daß sie die Dienste eines Gepäckträgers in Anspruch zu nehmen wünschten. Man versicherte ihnen, daß er sogleich zu Gebot stünde, und sie bedeuteten ihm dann, er möge sich unversehens zum Bahnhof begeben. Dort sollte er eine Kiste in Empfang nehmen, die aus dem fernen Paris gekommen war. In ihr wären zwei französische Tauben, sanft wie die Morgenfrische und weiß wie unberührter Schnee.

Der Auftrag wurde getreulich erledigt, und bald darauf stellte der Sendbote auf einem Lesetischchen im Foyer die Kiste ab.

Die jungen Damen aus der längst entmachteten protestantischen Oberschicht waren entzückt und zugleich besorgt, daß die Vögel dem Verhungern nahe sein könnten. Mit Hilfe des Hoteldieners wurde das nötige Vogelfutter beschafft.

Die Tauben verweigerten allerdings jede Nahrungsaufnahme, und man beschloß, sie aus dem Käfig zu befreien und genauer zu untersuchen. Man ging mit aller Sorgfalt zu Werke, wußte man doch auch damals schon, daß Vögel es vorzogen, sich im Freien aufzuhalten und sich oftmals in die Lüfte schwangen, sobald sich eine Gelegenheit dazu bot.

Vorsichtig wurden sie aus dem Verschlag genommen, und als man feststellte, daß sie gesund und munter waren und bei der langen Reise keinen Schaden genommen hatten, herrschte eitel Freude.

Den jungen Damen schwebte vor, die Vögel in ihr gediegenes Heim in der Vorstadt mitzunehmen, wo sie sie später nach einer Zeit der Eingewöhnung wieder freilassen wollten. Sie waren zuversichtlich, daß die Tauben ihre neue Umgebung rasch akzeptieren, sich mit der Zeit ganz zu Hause fühlen und gewissermaßen eine neue Nationalität annehmen würden. Das zumindest waren die klug gesponnenen Pläne.

Alle, die im Foyer versammelt waren, bewunderten hingebungsvoll die Vögel. Dabei wanderten die Tiere rasch von einer im Umgang mit Federvieh unerfahrenen Hand zur anderen, so daß schließlich das Unvermeidliche geschah. Ungewollt kriegte ein junger Bursche den Täuberich nicht richtig zu fassen, der zauderte nicht lange und flog zur offenen Tür hinaus. Übrigens, habe ich schon gesagt, das unsere Vögel Tauber und Täubin waren?

Es herrschte allgemeine Bestürzung. Eine der Frauen, die schon dafür bekannt war, fiel prompt in Ohnmacht; das lenkte eine junge Dame ab, die die andere Taube in der Hand hielt und versucht hatte, dem Täuberich den Fluchtweg zu versperren. Ihre kurze Irritation gab der französischen Täubin die Chance, nach der sie geäugt hatte. Mit sanftem Flügelschlag folgte sie ihrem Gefährten hinaus ins Sonnenlicht, das jetzt den Vorplatz überstrahlte.

Die Menge strömte nach draußen, doch von den Tauben war nichts zu sehen. Späher wurden ausgesandt, in den verschiedenen Teilen der Stadt postiert, auch in dem nahegelegenen Waldstück von Gurtenard, wo sich die einheimischen Tauben besonders gern aufhielten. Bis in den späten Nachmittag hielt die Suche an, doch das abhanden gekommene Pärchen blieb spurlos verschwunden. Man konnte nicht ewig Ausschau halten, das Leben mußte weitergehen. Als der Abend hereinbrach, gab man die Hoffnung auf.

Es war zu befürchten, daß die ahnungslosen Fremden unvorbereitet Bekanntschaft mit heimischen Falken machten. Wie sollten sie da überleben?

Es gab aber einen Eckensteher im Ort, der nichts Besseres zu tun hatte, als unentwegt in die Luft zu starren, und der entdeckte sie auf dem Dach des Hotels, wo sich ihr strahlendes Weiß auffällig gegen das Grau der Schieferschindeln abhob.

Hotelbesitzer und Personal, die beiden jungen Damen aus besserem Hause und viele Sympathisanten versuchten alles Mögliche, das Pärchen von seinem hohen Ansitz herunterzulocken, doch ihre Mühen waren vergebens. Dann ließ sich zum ersten Mal während des ganzen Geschehens ein gewisser Dinny Cronin blicken. Dinny war Taubenzüchter und stolzer Besitzer von etlichen Prachtexemplaren. Damals kannte man noch keine Luftverschmutzung, und gegen den klaren Himmel der verträumten Stadt hoben sich häufig ganze Taubenschwärme ab. Kaum ein Hinterhof oder Garten war ohne Taubenschlag, so daß die Bewohner schon morgens ihr Frühkonzert mit zärtlichem Gurren und Geturtel hatten.

Dinny Cronin bedachte die Situation und kam mit einem Vorschlag.

»Ich habe zu Hause einen prächtigen Täuberich, der schönste Vogel seiner Gattung in der Gegend hier«, sagte er.

Der Einwurf, daß es sich um Besucher aus Frankreich handelte, gab ihm nur kurz zu denken.

»Mein Tauber mag nicht Französisch können«, erklärte er, »aber das macht er mit seinem Aussehen und seinem Benehmen wett.«

Alle sprachen sich dafür aus, er solle das Tier holen, und sehr schnell war er wieder da. Sein Prachtstück, den ganzen Stolz seiner Zucht, holte er aus seiner Jackentasche. Es war ein strammer Täuberich, einer, der wußte, wie man die Weibchen lockte und umgirrte, selbstbewußt und doch nicht zu draufgängerisch, den Rivalen überlegen und stetiger Sieger, ein rechter Charmeur, unter den Tauben weit und breit bekannt von Listowel bis Knockanure. Sowie er die Neuankömmlinge aus Frankreich erspäht hatte, schwang er sich in den Himmel, bis er nicht mehr zu sehen war, um gleich darauf wagemutig einen Sturzflug zu zelebrieren. Liebeswerben scheut keine Gefahr.

Nach etlichen amourösen Kunststücken dieser Art, die

alle darauf angelegt waren, das Herz des französischen Weibchens zu gewinnen, ließ er sich auf dem Dach nieder. Intimes Girren und Gurren folgte, unverständlich nur für Außenstehende. Soviel aber konnte man leicht feststellen, eine Sprachbarriere gab es nicht.

»Sie sprechen die Sprache der Verliebten«, meinte Dinny Cronin, »und die ist überall unter der Sonne gleich.« Nach den zärtlichen Schnäbeleien flatterte Dinnys Täuberich los und umkreiste dreimal den Turm der nahegelegenen katholischen Kirche. Die Franzosen folgten und taten es ihm gleich, als wollten sie den Zuschauern unten bekunden, daß sie und Dinny Cronins Tauber dem gleichen Glauben anhingen.

Dann entschwand das Trio in der Abenddämmerung. Zunächst beunruhigte das niemanden weiter. Als aber eine ganze Woche verging, ohne daß die drei sich wieder sehen ließen, machte man sich Gedanken.

In der kleinen alten Stadt nahm das geschäftige Treiben seinen Lauf, nur in den Taubenschlägen wurde weniger geturtelt. Es war deutlich, wie sehr Dinny Cronins Tauber fehlte. Auch Dinny selbst war völlig niedergeschlagen, war doch der Vogel der ganze Stolz seiner Taubenzucht gewesen.

Dann kam plötzlich ein Brief aus Paris. Er war an die beiden jungen Damen gerichtet, die seinerzeit die Tauben bestellt hatten. In dem Brief stand, daß das Taubenpärchen wieder in der französischen Hauptstadt gelandet sei. Sie seien in Begleitung eines dunkleren Fremden aufgetaucht, eines Burschen mit ungehobelten Manieren, einer vom Lande eben, der aber beim anderen Geschlecht Bewunderung erregte und sehr beliebt wäre. Dieser Bescheid machte alle in dem Städtchen traurig, denn niemand erwartete, daß Cronins Prachttauber von der in aller Welt bekannten liebestollen Stadt würde lassen können, und wer wollte ihm das verübeln!

Weihnachten rückte langsam näher, und das Fest verbreitete wie jedes Jahr einen Überschwang an Herzenswärme und Nächstenliebe. Nur Dinny Cronin war untröstlich. Er würde sich damit abfinden müssen, seinen Stolz und seine Freude nie wiederzusehen. In Gedanken verloren, saß er in den Nachmittagsstunden des Heiligabend am Küchenfenster. Er dachte an vergangene schöne Zeiten und an die Öde und Leere kommender Tage.

Dann jubelte plötzlich sein Herz. Er richtete sich auf und horchte. Da war das vertraute Gurren, das Hunderte von Taubenherzen betört hatte. Es klang erschöpft und heiser und war dennoch unverkennbar. Sein lang herbeigesehnter Täuberich, ja, er war es! Dinny sprang hoch und öffnete des Fenster. Auf dem Sims hockte sein Freund, am Ende seiner Kräfte und erschöpft von seinem langen Flug aus der Fremde und von den vielen anderen Verpflichtungen, über deren Zahl und Art des Erzählers Höflichkeit schweigt.

Dinny Cronin war überglücklich und zu Tränen gerührt. »Du Ärmster, diese Franzosen haben dich aber arg zugerichtet.«

»Sag das nicht«, mischte sich seine Frau ein, »wer jung ist, muß sich auch mal austoben dürfen.«

Bald ging es in den Taubenschlägen von Listowel wieder fröhlich zu, und nie wieder zog es Danny Cronins preisgekrönten Tauber in die weite Welt.

Suppenwürze

Der Zaunkönigstanz sollte dieses Jahr früher als sonst stattfinden in Tubbernablaw, und das hatte verschiedene Gründe. Den Ausschlag gab der Old Moore's Almanac mit seinen düsteren Prophezeiungen für die ersten Januartage. Zunächst war von einem fürchterlich dichten Schneetreiben die Rede, so dicht, daß Verwegene, die sich dennoch vors Haus wagten, die Hand vor Augen nicht sehen würden. Weiterhin wußte Old Moore zu berichten, daß dem Schneesturm sintflutartiger Regen folgen würde, und als wären es der Naturkatastrophen nicht genug, drohte er noch mit knackendem Frost, der den Bäumen die Borke absprengt.

»Ich werde den Tanz gleich morgen veranstalten. Ich sehe keinen anderen Ausweg«, verkündete Billy Bonner, der König der Zaunkönigstänzer von Tubbernablaw seiner Frau, als sie nach dem Tag des heiligen Stephanus nachts beieinanderlagen. »Sonst müssen wir womöglich bis zum Frühjahr warten; aber wo hat man so was schon gehört, daß der Zaunkönigstanz erst im Frühjahr stattfindet.«

Auch die Predigt vom Sonntag vor Weihnachten in der nahegelegenen Stadt hatte Billy Bonner zu seiner Entscheidung bewogen. Der Gemeindepriester hatte wie immer damit begonnen, die Tänzer und Sänger – jung und alt – zu verwarnen, doch im Verlaufe der Predigt hatte er sich in Rage geredet und die Ausschweifungen und das allgemeine Besäufnis, die stets mit dem fröhlichen Treiben einhergingen, verteufelt.

»Sollte mir zu Ohren kommen«, war seine Rede gewesen, »daß im neuen Jahr auch nur irgendwo im Kirchspiel ein Zaunkönigstanz abgehalten wird, dann wehe den Anstiftern. Einer Gemeinde, die solchen Orgien nicht Einhalt gebietet, wird es nicht wohl ergehen. Einem jeden sei hiermit kundgetan«, hatte er mit erhobenen Händen und zorniger Stimme zum Schluß erklärt, »daß ich höchstpersönlich erscheine, wenn ich erfahre, daß man die Gesetze von Kirche und Staat verhöhnt.«

»Wenn wir den Tanz nicht im neuen Jahr machen, verhöhnen wir auch keine Gesetze, was immer, zum Teufel, mit verhöhnen gemeint ist«, erläuterte Billy Bonner seiner Frau, die neben ihm im Bett lag. Ihr Murmeln konnte man als Zustimmung deuten. »Ich schlage also vor«, erklärte er nunmehr feierlich, als hätte er eine ganze Gruppe von Zaunkönigstänzern vor sich, »daß wir unser Spektakel morgen abend zelebrieren, und damit basta.«

»Meinen Segen hast du«, bekräftigte seine Frau in ebenso feierlichem Ton; dann schlang sie die Arme um seinen Hals und wollte wissen, ob es irgendein Gesetz von Kirche und Staat gäbe, das ihnen die unaussprechlichen Dinge verbieten könnte, zu denen ihre intime Nähe geradezu herausfordere.

»Nicht, daß ich wüßte«, sagte Billy Bonner, erwiderte ihre Umarmung und drückte einen zärtlichen Kuß auf ihre erwartungsvollen Lippen.

Früh am nächsten Morgen stieg der König der Zaunkönigstänzer von Tubbernablaw auf sein altersschwaches Fahrrad und begab sich westwärts in sein Reich, um den

Tänzern und Tänzerinnen seine Entscheidung zu verkünden, das Tanzfest vorzuverlegen. Allenthalben stieß der Beschluß auf freudige Zustimmung, und wo immer Billy Bonner erschien, wurde er – wie es einem Mann von seinem Rang gebührte – huldvoll empfangen. Gewöhnlichen Sterblichen würde man Starkbier oder Bier, allenfalls vielleicht einen Whiskey aus den Weihnachtsbeständen anbieten, er aber wurde mit Brandy förmlich zugeschüttet, so daß er auf dem Heimweg sein Fahrrad nur noch schieben konnte und froh war, daß es ihm eine sichere Stütze bot. Andere, die in der Gemeinde weniger Ansehen genossen und weniger zum traditionellen Fest beitragen konnten, übernahmen seine Mission für die nähere und weitere Umgebung und verbreiteten die Nachricht von dem königlichen Entscheid. Nicht eine Stimme, die dagegen gewesen wäre. Billy Bonner erreichte seine heimatliche Hütte in Tubbernablaw kurz nach Mittag. Er legte sich schlafen, und seine Frau war klug genug, ihn erst nach einigen Stunden von dem Lager hochzuscheuchen, auf dem sie es nachts zuvor so ungebärdig getrieben hatten. Das Gemeindefuhrwerk wartete bereits; zwei seiner getreuen Stellvertreter hatten die schwarze Stute schon angespannt. Zu dritt machten sie sich auf den Weg in die Stadt zum Großeinkauf: Wein, Whiskey, Likör, Mineralwasser und die unerläßlichen zwei Fässer Stout, alles, was nötig war, um sie sicher durch das nächtliche Treiben zu bringen, denn erst bei Tagesanbruch würde das festliche Gelage ein Ende finden.

Maggie Bonner war mit den Frauen der beiden Vizekönige bereits in der Stadt gewesen. In der geräumigen Küche des Bonnerschen Bauernhauses stapelten sich gepökelter und gekochter Schinken, Schweinshaxen, Dutzende frisch gebackener Brote, Yorkshire-Würze, süßes Gebäck und Rosinenkuchen. Jetzt war man eifrig mit den Vorbereitungen für den Hauptteil der Festivität beschäftigt. Ein riesiger Kessel stand auf dem Tisch. Bislang war er mit vier erstklassigen Kalbshaxen und sechs Kilo geschälten Kartoffeln gefüllt. Die drei Frauen schnitzelten Mohrrüben und Pastinaken, die gleichfalls in den Kessel wanderten. Dann wurden sechs Kilo feste und ausgereifte Zwiebeln von der einheitlichen Größe eines Golfballs geschält, geviertelt und dazugegeben. Die Suppe der Familie Bonner galt als pièce de résistance beim Festschmaus und wurde allenthalben ob ihrer gehaltvollen Zutaten und ernüchternden Wirkung gerühmt. Als nichts mehr fehlte, wuchteten die drei Frauen den Kessel vom Tisch und schleppten ihn zu einem großen Feuer, das draußen unter einem eisernen Rost loderte; der Dorfschmied hatte den Rost eigenhändig entworfen und angefertigt. Während der ganzen Zeit des Tanzes durfte die Suppe brodeln und vor sich hin köcheln, bis schließlich alle Bestandteile zu einer einzigen köstlichen Masse zerkocht waren.

»Die Zutaten machen es«, würde auch diesmal wieder Billy Bonner seinen Kumpanen vorschwärmen, wenn sie die ersten Kostproben der allseits gerühmten Suppe zu sich nahmen.

»Die Zutaten, vor allem die Pastinaken, sind's, die eine gute Suppe ausmachen«, würde er in seiner einfachen Art wiederholen. »So, wie der Glaube allein nichts nützt, sondern der guten Taten bedarf, kann man eine Suppe ohne die rechten Zutaten glattweg vergessen.«

Noch vor acht Uhr abends waren alle Gäste versammelt. Billy Bonner hatte sich günstig im Hauseingang positioniert, und so entging keiner seinem prüfenden Blick. Auch der große graue Kater, der oben auf dem Reetdach des langgestreckten Hauses am warmen Schornstein saß, beäugte argwöhnisch jeden Ankömmling.

Da waren Fiedler und Akkordeonspieler, andere, die mit der singenden Säge und der Handtrommel umzugehen wußten, Solosänger und Ziehharmonikaquetscher, wieder andere, die auf dem Kamm bliesen oder die mit Hölzern klapperten. Es war ein ganzes Aufgebot an Musikanten mit traditionellen Instrumenten, die zu Hornpipe, Gigue und Reel aufspielten.

Ungebetene Gäste und bekannte Unruhestifter wurden gleich zu Beginn des nächtlichen Treibens ohne Umschweife vom König und seinen Getreuen rausgeschmissen. Bei solcher Art kleinerer Handgreiflichkeiten, die rasch im Keim erstickt wurden, ging es nicht ohne das eine oder andere blaue Auge ab, auch gab es bei einem der Eindringlinge ein gebrochenes Nasenbein, aber im großen und ganzen blieb das Fest eine ausgesprochen friedliche Angelegenheit, und jeder, der dabei war, hatte seinen Spaß.

Sogar der Gewährsmann der katholischen Kirche, zugleich der Küster im Ort, schwärmte dem Priester in seinem Bericht etliche Minuten von der Suppe vor und gab eine ausführliche Beschreibung von deren Art und Konsistenz.

»Sie sollten meine Haushälterin diesbezüglich genauer instruieren«, warf der Gemeindepfarrer scherzend ein. Der Küster verstand sehr wohl, wie ernst er es damit meinte. Sein Bericht beinhaltete ebenfalls eine Darstellung des Trinkgelages und der Liebesgeplänkel, doch um der Wahrheit die Ehre zu geben, zu letzteren war es weniger gekommen, zum ersteren schon weitaus mehr. Es waren etliche Heiratsanträge gemacht worden, aber da sie hauptsächlich von Achtzig- und Neunzigjährigen oder von betrunkenen Herren kamen, die vergessen hatten, daß sie bereits verheiratet waren, hatte man wenig Notiz davon genommen. Alles verlief fröhlich, und zur Mitternacht betete man den Rosenkranz. Nicht ein einziges Kichern hatte die fromme Zeremonie gestört.

Was das Essen betraf, so verzichtete man auf jegliche Formalitäten. Tischregeln wurden locker gehalten, und von der Gierigkeit, die man von derlei Anlässen in besseren Gesellschaftskreisen kennt, war keine Spur.

Die ganze Zeit kochte und blubberte es draußen in dem riesigen Kessel verheißungsvoll. Hin und wieder inspizierten der König der Tänzer und seine Königin, die huldvolle Maggie, sein Inneres und versicherten interessiert Fragenden, daß alles nach Vorschrift verliefe.

Zu der Zeit, von der ich erzähle, kamen auf dem Lande die Autos gerade erst langsam in Mode. Kein Wunder, daß die Frauen der noch wenig geübten Fahrer ehrliche Sorge hegten, ob ihre Männer nach dem Genuß von Alkohol überhaupt imstande wären, solch teuflische Gefährte zu lenken. Dann hatte Billy Bonner die Idee mit der Suppe gehabt, die würde den Folgen des nächtlichen Trinkgelages entgegenwirken. Das war vor drei Jahren gewesen, und tatsächlich, an der Wirkung der Suppe gab es nichts zu deuteln. Nie war es seither zu Unfällen oder ernsthaften Verletzungen gekommen, und landete wirklich mal einer im Graben, war den Fahrern oder Mitreisenden nichts passiert. Zum Teil lag das na-

türlich daran, daß es dank der flachen Senken am Wegrand zu keinem harten Aufprall kam, doch herrschte allgemeine Übereinstimmung, daß das verminderte Risiko
in erster Linie dem ernüchternden Eintopf zu verdanken
war, den die Frauen so gewissenhaft zusammenbrauten.

Auch hielt sich der Verdacht, daß Billy Bonner beim
letzten Umrühren noch eine geheimnisvolle Zutat unter-
mengte, aber den Beweis dafür hatte niemand erbringen
können. Dieses Mal allerdings geschah es, daß das Zu-
sammengekochte eine unerwartete Beigabe erfuhr. Es
handelte sich um eine rein zufällige Ergänzung, und es
geschah auf eine äußerst ungewöhnliche Art und Weise.

Abgedeckt wurde der Kessel mit zwei Platten aus ver-
steinertem Moorholz. Für jedes Umrühren mußten sie
abgenommen werden, und das Rühren erfolgte mit einem eigens für besagten Zweck besonders gut ausgespül-
ten Reisigbesen. Billy und Maggie Bonner betrieben
diese Tätigkeit mit einer Kunstfertigkeit, die jede Klümp-
chenbildung verhinderte, und Klümpchen sind, wie jeder weiß, der Tod einer guten Suppe.

Es geschah nun also, daß den großen grauen Kater, der
die meiste Zeit auf dem Dach in Schornsteinnähe lag
und sich Gesicht und Schnurrhaare putzte, die Neu-
gierde trieb, die jedem Katzentier eigen ist. Unter den
Katzen der Umgebung war er eine geachtete Erscheinung. In seinen jungen Jahren war er oft unterwegs gewesen, streifte auf der Suche nach Zeitvertreib weit
herum und blieb mitunter ganze Tage fort. Jetzt mit fort-
geschrittenen Jahren war er weniger draufgängerisch und
verfolgte das andere Geschlecht mehr mit Blicken. Tagsüber begnügte er sich damit, das Geschehen vom Dach
aus zu beobachten, und die Nacht verbrachte er, von ge-

legentlichen romantischen Ausflügen abgesehen, am warmen Küchenherd. Wie viele Kater im vorgerückten Alter fand auch er, daß ein Liebesabenteuer hier und da seinem Alter und körperlichen Vermögen mehr fromme als das rund um die Uhr Gehure, das junge Kater freizügig betreiben.

Schon am frühen Morgen jenes ereignisreichen Tages hatte er gespürt, daß sich etwas Besonderes anbahnte. Wäre er jünger gewesen, hätte er sich in einem fort in die Küche geschlichen, sich allerseits unbeliebt gemacht und damit die Geduld seiner Herrin und ihrer Mitstreiterinnen auf die Probe gestellt. Jetzt aber konnte ihn nichts von seinem gemütlichen Reich dort oben am Schornstein fortlocken und in seinen Tagträumen stören, es sei denn andere Katzen wagten sich in seine Gefilde vor. Erst gegen Abend begab er sich gemächlich nach unten und machte einen Rundgang. Ältere Katzen haben nichts von dem übertriebenen Getue und der sich wiegenden Gangart ihrer jüngeren Artgenossen an sich; sie bewegen sich lässig, und wenn sie sitzen, sitzen sie. Was um sie herum vorgeht, nehmen sie als selbstverständlich hin, und das ist meist ein Fehler.

Trotz seiner Jahre sprang der graue Kater behende auf die Moorholzplatten, die den Kessel abdeckten. Noch hatte die Suppe nicht zu kochen begonnen, trotzdem stiegen bereits verführerische Düfte hoch. Er äugte zwischen die Deckelhälften, aber in der dunklen Tiefe konnte er nichts Genaues erspähen. Genießerisch sog er den Duft ein und hätte gern dort etwas verweilt, doch eine der Frauen schleuderte ein nasses Wischtuch in seine Richtung und forderte ihn damit unmißverständlich auf, sich fortzuscheren. Er trollte sich, machte sich auf den Weg zu einem Schuppen, wo er schon mehrfach ein vorwitziges Mäuschen erwischt hatte. Diesmal fand er dort nichts. Er ließ sich im Schatten nieder und putzte sich eine Weile. Er schwelgte in Erinnerungen an Begegnungen mit hübschen Kätzchen, fernab von Tubbernablaw, später auch mehr in der Nähe, als ihm die Jahre weitere Streifzüge verboten. Unbeweglich saß er da, und es wurde dunkel. Mit der Dunkelheit wurde es spürbar kälter, und beißender Frost trieb ihn hoch. Ohne groß aufzufallen, wollte er sich in der Küche umtun und sich sein Abendbrot verschaffen, um sich dann für ein, zwei Stunden in den Schutz des Schornsteins zurückzuziehen.

Drinnen im Haus war das Fest in vollem Gange. Die jüngeren Musikanten füllten ihre Humpen ohn Unterlaß aus dem eben erst angestochenen zweiten Faß Stout.

Schalen, Becher und Tassen, auch Gläser, Blechdosen, Marmeladennäpfe und Wasserkrüge mußten als Trinkgefäße herhalten. Diesem Trubel konnte sich selbst der Kater nicht entziehen. Er schlappte eine halbvolle Untertasse Starkbier aus und mauzte nach mehr. Genüßlich machte er sich über ein zweites Schälchen her. Das Getränk tat seine Wirkung, und er schnurrte entgegen seiner Katerwürde hemmungslos. Als er den Teller leer geleckt hatte, wankte er nach draußen in die Mondscheinnacht. Der Himmel war sternenübersät, und der Vollmond erhellte mit fahlem Licht den gepflasterten Hof und den Kessel mit der Kraft spendenden Suppe, die friedlich auf dem eisernen Rost vor sich hin kochte. Der Kater machte einen Satz und landete auf der kleineren der beiden Abdeckplatten. Ein kurzes Schwindelgefühl überkam ihn, doch er konnte sich halten und ließ sich auf der größeren Platte nieder. Lieblicher Duft stieg ihm in die Nase, und neugierig schnupperte er zwischen den Deckelhälften, von wo der Duft aufstieg. Schließlich wurde ihm die große Platte etwas zu heiß, und er zog sich auf die kleinere zurück, reckte sich noch einmal wohlig berauscht und kringelte sich dann gemütlich für ein Nickerchen zusammen; hier würde er von der hektischen Betriebsamkeit in der Küche unbehelligt bleiben. Zum zweiten Mal an diesem Tag nahmen ihn Träumereien gefangen, erinnerte er sich der Zeiten, da er auf dem Höhepunkt seiner Kräfte und Gefühle war, Katzenmädchen nur so vernaschte und zwischen den Akten sinnlicher Begierde Fisch und frische Leber verschlang. In jener Nacht gab es in ganz Tubbernablaw gewiß keinen glücklicheren Kater als ihn.

Dann gefiel es der Laune des Schicksals, die friedliche Szene zu stören. Den schlummernden Kater ereilte es ohne jede Vorwarnung. Nichts von dem Kommen und Gehen unten nahm er in seinem Schlaf wahr. Folglich bemerkte er auch nicht die beiden jungen Trunkenbolde, die nur deshalb auf den mondlichtüberfluteten Hof herausgetorkelt kamen, weil ihre Blase zu platzen drohte.

Nachdem sie ihr Wasser abgeschlagen hatten, grölten sie in lauter Eintracht den Mond an; doch der ließ sich nicht beeindrucken, und da sie kein Echo fanden, schauten sie sich nach einem anderen Zeitvertreib um. Sie entdeckten den schlafenden Kater.

»Nun sieh dir das Katzenvieh an«, sagte der Betrunkenere von den beiden, »liegt da oben auf dem Suppenkessel und pennt.«

»Laß ihn doch«, meinte der andere, »wen stört er denn?«

»Und wenn er in die Suppe pißt«, brüllte sein Kumpel aufgebracht, »vielleicht sogar reinscheißt?«

Auf Zehenspitzen schlichen sich die beiden zum Torf-schuppen, griffen sich zwei kleine schwarze Torfbrocken, zielten und feuerten sie in Richtung Kater. Die Chance, daß einer von ihnen treffen würde, stand eins zu hundert. Das erste der kleinen, aber steinharten Geschosse driftete nach links und landete unverrichteter Dinge auf dem Misthaufen. Das zweite zog unbeirrt seine Bahn, und im gleichen Moment hob das Opfer, im Unterbe-wußtsein wie durch einen sechsten Sinn gewarnt, den Kopf. Es nützte ihm nichts. Der Klumpen traf es am Kopf. Das Tier war sofort bewußtlos. Es rutschte zusammen, glitt zwischen die beiden Abdeckplatten und verschwand ohne ein Miau in der köchelnden Suppe.

Der Bursche, der den tödlichen Schuß abgefeuert hatte, drehte sich um und kehrte zu den anderen Feiernden in die Küche zurück. Um sein Gewissen zu beruhigen, bekreuzigte er sich nur rasch und spuckte einmal über seine linke Schulter. Er und sein Freund waren klug genug, über das Ableben des Katers Stillschweigen zu bewahren. Warum sollte man die Gäste um einen allseits gepriesenen Kessel Suppe bringen, bloß wegen einer Katze!

So und nicht anders waren die philosophischen Gedankengänge zu jener Zeit und an jenem Ort. Eine Katze ließ sich über kurz oder lang ersetzen, ein Kessel mit Suppe unter den gegebenen Umständen aber nicht. Das fröhliche Treiben in der Küche hielt bis zum Morgengrauen an. Um dreiviertel neun kletterte Billy Bonner auf einen Stuhl und verkündete, daß es an der Zeit wäre, mit dem Feiern zum Ende zu kommen. Das war sieben Stunden und vierzehn Minuten nach dem Hinscheiden des Familienkaters. Zunächst gab es vereinzelten Protest, aber schon bald setzte sich die Vernunft durch, um so mehr, da der Herr des Hauses die Versammelten daran erinnerte, daß die Suppe fertig wäre und sogleich ausgeteilt werden sollte. Man würde sie unter dem weiten und sternenreichen Himmelszelt zu sich nehmen, und wer Appetit darauf hätte, sollte sich nach draußen begeben und irgendwas an Gefäßen mitnehmen. Alles drängte zur Tür. Fröhlich schwenkte man Becher, Tassen und Töpfe, und ein jeder jubelte lauthals in Erwartung der köstlichen Komposition, die nicht ihresgleichen hatte.

Ein Behältnis nach dem anderen wurde gefüllt und geleert, und das Verspeisen ward begleitet von Wonneseufzern und Lobeshymnen, von Rufen des Erstaunens und Entzückens. Aus hunderten von Mündern, Nasenlöchern und Gefäßen stieg der Dampf in die frostklare Luft, und dem Kessel entwich eine Dampfsäule und strebte senkrecht zum Himmel, als wollte sie den Mond betören, Sterne und Wolken zurückzulassen und sich auf die Erde zum Schmaus zu begeben.

Etwas abseits im Schatten standen die beiden jungen Burschen, die den Kater so unsanft ins Jenseits befördert hatten. Sie lachten sich schon jetzt ins Fäustchen und lauerten auf den Augenblick, da es den Suppenessern von Tubbernablaw und den Nachbargemeinden hochkommen würde. Aber nichts dergleichen geschah, auch Magenkrämpfe blieben aus. Die Zeit verging, es wurde hell; keiner, der nicht begeistert von der Suppe war und Nachschlag verlangte. Es reichte für alle.

Als man den Kessel bis auf den Grund geleert hatte, kippten Billy Bonner und ein Helfer die abgekochten Knochen aus, die auf den gefrorenen Boden fielen. Im Nu waren die Katzenmörder zur Stelle. Aber noch ehe sie auch nur einen einzigen Gast darauf aufmerksam machen konnten, daß sie alle Katzensuppe genossen hätten und daß der Beweis da auf der Erde läge, hatten sich die drei Hofhunde – ein roter Setter, ein fragwürdiger Collie und ein altersschwacher Windhund – ihre Beute geschnappt und waren mit den Knochen im Maul entschwunden – Knochen von mancherlei Getier, der Schädel des grauen Katers, Haxen von Ochsen und Färsen. Schon bald würden sie wiederkommen, um sich auch die restlichen kleineren Knochen zu holen und sie dorthin zu schaffen, wo sie die anderen verbuddelt hatten, wo nur sie und niemand sonst sie finden würden.

Die verstimmten Katzenmörder mochten suchen, soviel sie wollten, von ihrem Opfer ließ sich keine Spur finden.

Nichts war übriggeblieben, kein Auge, kein Zahn, nicht einmal ein einziges Schnurrhaar oder sonst irgendein Beweisstück für eines der neun Leben, das Gott allen Katzen, groß und klein, verheißen hat.

Weihnachtsballerei
in Ballybooley

Das Ganze geschah 1920, als dieses abscheuliche Gelichter, das unter dem Namen »Black and Tans« in die Geschichte eingegangen ist, wie wild Menschen zu Krüppeln schlug, mordete und teuflische Zerstörungen anrichtete. Die Kerle machten den englischen Gefängnissen, aus denen man sie freigelassen hatte, damit sie ihrem Lande dienten und unschuldige Iren niederschossen, alle Ehre.

Nicht ein Tag verging, an dem es nicht zu Schießereien zwischen den gefürchteten Besatzern und den tapferen Burschen von der Fliegenden Kolonne von North Kerry gekommen wäre. Die größeren Gefechte werden zu Recht in Liedern und Geschichten gerühmt, aber kein Scharmützel ist in der Erinnerung so wach geblieben wie das zur Weihnacht in Ballybooley. Zwar ist manches daran nicht unumstritten, aber wiederum gibt es keine zwei Schilderungen einer x-beliebigen Schlacht, die in Einzelheiten nicht voneinander abweichen.

Noch nie hatte es einen so trockenen Sommer gegeben wie in besagtem Jahr. Die Hügelketten waren buchstäblich verbrannt. Auf den Torfstichen trockneten die Soden ganz von selbst. Die Jugend, die sonst beim Torfwenden und -stapeln gebraucht wurde, konnte die langen Sommertage an Bächen und Flüssen verbringen oder in fröhlichen Gruppen durch Wald und Feld streifen.

Doch Mutter Natur verschwendet nicht wahllos, was sie zu bieten hat, und als wollte sie diese alte Regel bekräftigen, bedachte sie den ganzen Landstrich von North Kerry zur Weihnachtszeit mit bis dahin nie erlebten Unwettern und Kälteperioden.

Hagel, Regen und Schnee waren an der Tagesordnung, und Väterchen Frost machte Überstunden. Mit dem staubtrockenen Torf vom Sommer war jedes Feuer in den Kaminen der Bauernhäuser und Hütten im Nu heruntergebrannt, und die Leute im Dorf bestätigten einmal mehr, daß zu nasser Torf schon schlimm genug sei, aber zu trockener sei noch viel schlimmer. Schon vor Weihnachten waren die ersten Reihen der Torfpyramiden in die Feuerstellen gewandert. Verrostete Sägen und Äxte wurden hervorgeholt, um Bäume zu fällen. Mit anhaltendem Winter nahm der Torfdiebstahl überhand.

Einer der gerissensten Diebe, die auf unbewachten Torfstichen ihr Unwesen trieben, war Micky Dooley. Alle in der Umgebung kannten ihn als geradezu professionellen Torfdieb. Den November und Dezember hindurch, ob der Mond schien oder nicht, nahm er seinen Eselskarren, machte sich zu einem geeigneten Torfmoor auf und ging dort seinem fragwürdigen Gewerbe nach.

Im Schutz der Dunkelheit belud er seinen Karren und machte sich nur an schlecht aufgetürmten Stapeln zu schaffen, bei denen nicht weiter auffiel, wenn eine Karrenladung fehlte. Bei gut gebauten Pyramiden war das schon schwieriger. Da brauchte nur eine Sode zu fehlen, und der Besitzer merkte es.

Ein gut geschichteter Kegel war immer eine Herausforderung, ob für Gewittersturm, Hagel oder Dieb. Eine Sode lag dicht neben der anderen, jede Ecke kantengleich aufeinander, nirgends gab es eine Lücke, da mußte jeder Brocken auffallen, der fehlte. Kein Wunder, daß Torfdiebe gute Aufbauten mieden und sich lieber an weniger geschickt konstruierte machten. Auf genau die hatte es Micky Dooley abgesehen, als er in den dunklen und stürmischen Nächten um Weihnachten herum mit Esel und Karren loszog. Selbstverständlich erkundete er stets das Gelände vorher. Wer wollte, konnte ihn harmlos durch die Gegend schlendern sehen, den Kopf demonstrativ nicht auf die Stapel am Wegrand gerichtet, den Blick unverwandt geradeaus, als wäre Torfdiebstahl das letzte, wonach ihm der Sinn stand. Doch auch ohne den Kopf zu wenden oder seinen Schritt zu verlangsamen, nahm er jedes Detail für sein nächtliches Vorhaben wahr.

Man mochte meinen, seine Aufmerksamkeit gelte einem Schwarm am Himmel kreisender Regenpfeifer, sein versunkenes Nachobenschauen einer besonderen Wolkenformation, in Wirklichkeit aber prägte er sich jede Einzelheit für seine geplante nächtliche Expedition ein.

In der wenigen Zeit, die ihm zur Verfügung stand, mußte er zum Beispiel darauf achten, ob zwischen den ins Visier genommenen Haufen und dem Rand des Moors Platz für Zugtier und Gefährt war, ob etwa der Sturm bereits die Pyramiden gezaust oder zerstört hatte, und vor allen Dingen wollte die Qualität des Torfs beurteilt sein. Ganz entscheidend war nämlich, daß Beschaffenheit, Größe und Form dem schmalen Vorrat seiner eigenen Ernte entsprachen, falls ein argwöhnischer Besitzer unliebsame Nachforschungen anstellte.

Wenn er seinen Karren vollgeladen hatte, war er stets darauf bedacht, alle Spuren zu tilgen, damit der Diebstahl nicht weiter auffiel. Das war eine Kunst für sich. In der Dunkelheit war das schwer. Deshalb arbeitete er immer wie ein Verrückter, wenn ihm für kurze Augenblicke ein Mondstrahl durch die ziehenden Wolken Licht spendete. An sich hält der nächtliche Plünderer den Mond für seinen natürlichen Feind, aber es gibt Momente, da ist er auf seine Hilfe angewiesen.

Im Wesentlichen verließ sich Micky jedoch auf sein Gefühl und wartete das Mondlicht nur für die letzten Handgriffe ab. Aus einem Torfstapel klaute er nie mehr als einen Karren voll, und das war eigentlich das Geheimnis seines Erfolgs. Man mochte ihn in Verdacht haben, aber beweisen ließ es sich nie, und solange er sich bei seiner Plünderei auf verträgliche Mengen beschränkte, nahm man seine nächtlichen Raubzüge hin.

Die, deren Felder nicht in Mitleidenschaft gezogen wurden, hatten gut reden, wenn sie meinten, was ein richtiger Torfbauer sei, der könnte auch mit ein bißchen Diebstahl leben.

Kurz vor Weihnachten gab es ein schreckliches Unwetter. Die Wolken hingen tief, und Nordoststürme fegten über das ohnehin schon gepeinigte Land. Micky Dooley saß am Kamin und dachte, daß eine Nacht wie diese für einen unternehmungslustigen Kerl wie ihn genau die richtige sei. Zwar widerstrebte es ihm, das wärmende Feuer zu verlassen, aber eine bessere Nacht konnte ihm der Himmel für sein Vorhaben nicht bescheren.

Kein vernünftiger Mensch würde sich unter solchen Bedingungen aus dem Haus wagen. Aber konnte man wissen, ob nicht eine plötzliche Wetterbesserung eintreten und seine Aktivitäten draußen erheblich behindern würde? Unser Torfdieb beschloß, zu Werke zu gehen.

Er spannte den sich sträubenden Esel vor den alten Karren, montierte die Seitenstangen und bedachte die Achsen mit reichlich Wagenschmiere, um verräterisches Quietschen gar nicht erst aufkommen zu lassen. Dann zog er sich wetterfest an und machte sich auf den Weg.

So eine Nacht war ihm noch nicht vorgekommen. Binnen weniger Minuten erstarrten ihm die Hände in den Handschuhen, das Blut schien aus den Fingern gewichen. Die Augen konnte er bei dem heftigen Sturm nicht offen halten, blind folgte er dem Esel. Nach den ersten vierhundert Metern wäre er fast umgekehrt, doch er wußte, nach einem Sturm beruhigt sich das Wetter, und da seine Torfvorräte nahezu erschöpft waren, mußte er die garstigen Umstände zu seinem Vorteil nutzen. Langsam und unverdrossen kämpften Mann und Tier gegen den wütenden Wind an; sie waren nahezu am Ende ihrer Kräfte. Schließlich erreichten sie den schmalen Pfad, an dem ein paar letzte Pyramidenreihen ihrem unvermeidlichen Ende entgegensahen. An der ersten Reihe hatte er sich schon einmal vierzehn Tage zuvor zu schaffen gemacht, und als sie jetzt auf ihrer Höhe waren, rührte sich der Esel nicht mehr vom Fleck; Micky Dooley konnte ihm zureden, wie er wollte, der weigerte sich beharrlich, weiter gegen den tosenden Sturm zu ziehen. Micky war klar, daß das arme Tier einfach nicht mehr konnte. Es blieb ihm nichts weiter übrig, als umzukehren und nach Hause zu trotten. Auf dem Rückweg würden sie den Wind wenigstens von hinten haben. Er zerrte den Esel zur windgeschützten Seite des aufgestapelten Torfs. Er sollte erst einmal ein wenig Kraft schöpfen. Micky Dooley stand in der bitteren Kälte und wartete. Eine Mischung von Versuchung und Routine zerrte an ihm.

»Ich nehme nur ein paar Soden«, sagte er sich. »Es wäre ohnehin töricht, mehr zu nehmen, hab' ja hier schon mal zugegriffen.«

Doch rasch zeigte sich, daß seine räuberischen Instinkte stärker waren, und ehe er sich's versah, hatte er den Karren vollgepackt und die Beute festgezurrt.

Die Tage vergingen, und das Wetter wurde keineswegs besser. Bald tauchte der rechtmäßige Eigentümer mit Pferd und Wagen auf und wollte sein Fuhrwerk beladen. Kaum angekommen stellte er fest, daß einer seiner Kegel hinten eine merklich Einbuchtung aufwies. Ein breites Grinsen ging über sein von Wind und Wetter gegerbtes Gesicht. Dann brach er in herzhaftes Gelächter aus, dem folgte ein schadenfroher Aufschrei, und schließlich rieb er sich die Hände.

Vergnügt hüpfte er kurz auf dem Fahrweg umher. Seit langem schon hatte er Micky Dooley in Verdacht. Er schätzte, daß ihn der Torfdieb im Laufe der Jahre mindestens um zwanzig Eselsfuhren gebracht hatte. Als er vor zwei Wochen seinen Torfstich inspizierte, hatte ein frisch gesetzter Kothaufen dicht neben den gestapelten Soden seinen Argwohn geweckt. Für ihn war das ein untrügliches Zeichen dafür gewesen, daß ein Esel dort längere Zeit gestanden hatte.

Damals hatte er alles gründlich untersucht, hatte aber nichts Auffälliges feststellen können. Das verwunderte ihn nicht weiter, denn Micky Dooley war dafür bekannt, daß er seine Spuren verwischte.

Wohl oder übel mußte sich der Besitzer des Torfstichs eingestehen, daß Micky in der Kunst des Wiederherrichtens von Torfpyramiden unübertroffen blieb. Nur zu gern hätte er ihn erwischt und ihm den Hals umgedreht.

Während er seinen Wagen belud, überlegte er ständig, wie er dem Dieb eins auswischen könnte. Plötzlich kam ihm ein großartiger, wenn auch mörderischer Gedanke. Er gewährte oft Freischärlern Obdach, und manchmal verbargen die ihre Gewehre und Munition auf seinem Anwesen. Noch in derselben Nacht kehrte er zu seinem Torfstich zurück, die Taschen voll scharfer Munition. Mit äußerster Vorsicht steckte er an die zwanzig Patronen in etwas weichere Torfsoden, da, wo die Kante des Stapels am lockersten war. Jetzt, vierzehn Tage später, gratulierte er sich zu seiner Weitsicht. Er hätte wetten mögen, daß der Dieb angesichts des schlimmen Wetters sein Heil ein zweites Mal versuchen würde, und er sollte recht behalten. In jener Nacht zog er seine Frau ins Vertrauen.

»Ich habe mir für Micky Dooley eine tolle Weihnachtsüberraschung ausgedacht«, verriet er ihr. »Ein Geschenk, das er sein Leben lang nicht vergessen wird, und keiner hat es so verdient wie er.«

Dann erzählte er ihr von der scharfen Munition im Torf.

»Heilige Jungfrau Maria«, schrie seine Frau auf und griff nach dem Rosenkranz, »wenn nun aber eine Kugel wen trifft!«

»Mir egal«, erklärte ihr Mann, »und wenn's den Dreckskerl ins Jenseits befördert. Nicht ein Stück Torf klaut der mir wieder, egal, wie's kommt.«

Vergnügt gluckste er in sich hinein, drehte sich auf die Seite und schlief den Schlaf des Gerechten. Seine Frau aber betete bis in die frühen Morgenstunden voller Hingabe, begleitet von den sonoren Schnarchtönen ihres Mannes. Keinen Heiligen ließ sie aus, alle flehte sie an, mit allen Gebeten, die ihr zu Gebote standen, bat inständig, daß keiner im Haus von Micky Dooley Schaden nehmen möge.

Keine Woche später, genauer gesagt am Heiligabend, saß Micky mit Frau und Kindern an einem fröhlich flakkernden Feuer. Sie hatten eine Nachbarin zu Besuch, die zu einem Schwatz vorbeigekommen war und die wohlige Wärme der Torfglut genoß. Draußen pfiff und heulte der Wind, und Hagelkörner prasselten ungestüm auf Dach und Straße.

»Gott sei uns gnädig«, sagte Maggie Mulloy, die Nachbarin, »nichts geht über ein schönes Feuer.«

»Da hast du recht, Maggie«, pflichtete ihr der Gastgeber bei. »So ein Feuer würd' ich nicht mal für 'ne Flasche Whiskey eintauschen.«

Und so saßen sie, erfreuten sich an den züngelnden Flammen, genossen die Wärme und Behaglichkeit am Kamin. Ein friedlicheres Bild kann man sich nicht vorstellen. Ein fetter schwarzer Kater mit glänzendem Fell saß zu Füßen seines Herrn, und die Kinder summten verträumt ihre Lieder. Alle genossen das harmonische Beisammensein.

»Dem Herrgott sei Dank, daß wir ein so schönes Torffeuer haben«, sagte Maggie Mulloy leise, und dann etwas lauter: »Und Dank auch denen, die Herz und Sinn haben, die Freude mit anderen zu teilen.«

Micky Dooley nahm das Kompliment hin, wie es einem edelmütigen Wohltäter zukam.

»Schon gut«, wehrte er bescheiden ab, »schon gut.«

Der Kater schnurrte, die Frauen wiegten ihr Haupt, und Micky Dooley streckte einen Fuß aus, um ein widerspenstiges Torfstück, das neben dem Feuer lag, in die Glut zu schubsen. Die Funken stieben in wunderschönem Rot auseinander. Und dann brach die Hölle los. Die erste Kugel knallte in die Petroleumlampe, die an einer Kette zwischen zwei geräucherten Speckseiten von einem Dachbalken herab hing. Es kam zu einer kleineren Explosion, und das Licht erlosch. Das zweite Geschoß schmetterte in den Geschirrschrank; und Teller, Tassen und sonstiges Gerät flogen durch die Küche. Die dritte Kugel traf den Kater genau zwischen die Augen. Ohne einen Mauz streckte das Tier alle viere von sich und verschied, der reinste Hohn auf die ihm verheißenen neun Leben.

Einige Augenblicke nach der ersten Explosion saß Micky Dooley wie versteinert auf seinem Stuhl und war nicht fähig, sich von der Stelle zu rühren. Sein Mund klappte auf und zu, ohne daß ihm ein Laut entwich. Der Schreck saß ihm in allen Gliedern. Erst als eine Kugel an seinem Ohr vorbeipfiff, schoß er hoch. Ohne Notiz von dem Schreien der Frauen und Kinder zu nehmen, stürmte er ins Schlafzimmer, verriegelte von innen die Tür und verkroch sich unter dem Bett.

Er wollte von dem gräßlichen Lärm in der Küche nichts hören und steckte sich ganz einfach die Finger in die Ohren. Sein Herz raste, und er fürchtete, es könnte aufhören zu schlagen. Unmöglich konnte ein Herz so ein Tempo durchhalten, bestimmt würde es ganz plötzlich und vor der Zeit zum Stillstand kommen. Zitternd flehte er seine verstorbene Mutter um Hilfe an, um gleich darauf laut das blutende Herz Jesu zu beschwören, ihm im Todeskampf beizustehen.

Die Küche war ein einziges Irrenhaus. Das ohrenbetäubende Geschrei und das Geknalle brachte Nachbarn von nah und fern auf die Beine.

»Die Black and Tans«, rief einer entgeistert. »In Bally-booley wird gekämpft. Gott steh uns bei!«

Schon machte sein Schreckensruf die Runde, und ehe man sich versah, waren überall Türen und Fenster ver-barrikadiert. Lichter wurden gelöscht, Rosenkränze ge-betet. Weihwasser wurde versprengt, mal hier, mal dort, dann überall.

Derweil gingen in der Küche der Dooleys drei weitere Geschosse los. Die erste Kugel sauste durchs Fenster, die anderen zwei wirbelten durch den Schornstein und rich-teten am nächtlichen Himmel weiter keinen Schaden an. Zum Glück war niemand in der Küche verletzt worden. Eine Weile blieb alles ruhig, aber trotzdem dauerte es noch lange, bis Micky Dooley die Schlafstubentür auf-machte. Genau in dem Moment zündete die letzte Pa-trone im Kamin, schoß los und durchlöcherte das Ober-leder seines linken Stiefels, das Projektil blieb in seinem Spann stecken. Mit einem Schmerzensschrei sank er zu Boden.

»Es hat mich erwischt!« schrie er.

Frau und Kinder knieten bei ihm nieder, und Maggie Mulloy hauchte ihm ein »Und vergib mir meine Schuld« ins Ohr. Nach einer Weile durfte man annehmen, daß die Knallerei ein Ende hatte. Sie setzten den Stöhnenden auf einen Stuhl und schoben einen anderen unter das verletzte Bein. Maggie Mulloy, die gleich nebenan wohnte, ging und war im Nu mit einem Schluck Whis-key wieder da. Um den zu trinken, brauchte Micky keine Hilfe. Man schickte das älteste der Kinder zu einem Nachbarn mit der ausdrücklichen Weisung, einen Arzt und einen Priester holen zu lassen.

Draußen hatte sich der Sturm gelegt. Es dauerte nicht

lange, und Nachbarn aus einem Umkreis von drei Kilometern strömten herbei. Und immer ein und dieselbe Frage: »Was ist passiert?«

»Man hat uns überfallen«, erklärte Micky Dooley.

»Aber weshalb?« fragte man beharrlich.

Der Verwundete schüttelte vielsagend den Kopf, hielt warnend den Finger vor den Mund und gab ihnen so zu verstehen, daß mehr dahinter steckte, als man schlechthin vermutete.

»Überfall, aus dem Hinterhalt«, bekam jeder Neuankömmling zu hören.

»Von wem?« hieß die stereotype Frage.

»Tans«, erwiderte Micky Dooley prompt. Er blieb dabei und fand immer wieder neue schmückende Adjektive für die Schurken. Dann tauchte plötzlich der Mann auf, der die ganze Sache eingefädelt hatte. Zögernd steckte er den Kopf durch die Tür.

»Black and Tans«, waren die Worte, mit denen Micky auch ihn empfing. Damit war er ihm zuvorgekommen, hatte ihm gewissermaßen aus der Verlegenheit geholfen. Der Mann kam gar nicht erst dazu, sich zu entschuldigen und damit Micky Dooley die Schau zu stehlen. Eifrig nickend pflichtete ihm der Verursacher der ganzen Ballerei bei und war heilfroh, daß niemand zu Tode gekommen war. Käme die Wahrheit heraus, würde er mindestens wegen versuchten Mordes zur Rechenschaft gezogen werden.

»Die Tans mal wieder«, bestätigte er. »Hab sie mit eigenen Augen gesehen, wie sie die Straße runterrannten.«

Dankbar und erleichtert senkte Micky Dooley den Kopf. Erst jetzt bemerkte er den toten Kater. Er hob das steife Etwas an die Lippen und küßte es auf den Kopf.

Da vollzog sich fürwahr ein Wandel in ihm, denn bislang hatte er nur das Hinterteil des Geschöpfs berührt, dem er oft genug und aus nichtigen Gründen einen unsanften Tritt mit seinen Nagelstiefeln versetzt hatte.

»Mein armer Kater!« jammerte er und quetschte sich ein paar große Tränen ab, um glaubwürdig zu erscheinen. Nach und nach zogen die Nachbarn von dannen. Lange und heftig debattierten sie, warum ausgerechnet das Haus der Dooleys so wütend angegriffen worden war, wo die doch eigentlich nicht mit den Freischärlern in Verbindung gebracht werden konnten.

Es gab nur eine Erklärung für das Rätsel, und auf die einigte man sich endlich. Ein glaubwürdiger Zeuge hatte die Tans gesehen. Also ging der Überfall auf sie zurück. Folglich arbeitete Micky Dooley als Kurier für die Freiheitskämpfer oder gewährte ihnen vielleicht auch Unterschlupf, sonst hätten die Tans sich nicht ausgerechnet ihn vorgenommen.

Außer Micky kannte nur noch einer die Wahrheit, und dessen Lippen blieben fest verschlossen. Entweder er hielt den Mund, oder er mußte mit einer satten Gefängnisstrafe rechnen. Dem Risiko wollte er sich nicht aussetzen. Soviel stand fest: Nie wieder würde sich Micky Dooley an seinen Torfpyramiden zu schaffen machen. An anderen vielleicht, aber nicht an seinen. Und das war der Hauptzweck der Übung gewesen.

Die Zeit verstrich. Die weihnachtliche Attacke blieb eine Sensation und ein Gesprächsthema. Im Laufe der Jahre erfuhr die Schilderung der Ereignisse eine phantasievolle Zutat nach der anderen, bis schließlich Micky Dooley allein und nur mit einer zweiläufigen Schrotflinte bewaffnet zwanzig Black and Tans in die Flucht schlug. Abgeknallt hatte er keinen, verwundet aber mehrere, während er selbst zeitlebens ein Märtyrer blieb und das mit deutlichem Humpeln unterstrich. Auch Maggie Mulloy, seine Nachbarin, wurde überall im Lande verehrt. Hatte doch auch sie heldenhaft an der Seite ihres Nachbarn gekämpft. Keiner, der ihr die karge Rente von Staats wegen mißgönnte oder die Verdienstmedaille, die eine hochgesinnte Regierung allen verlieh, die am Freiheitskampf teilgenommen hatten.

Micky Dooley fuhr noch besser. Sein Hinken brachte ihm außer seiner Rente für patriotische Dienste eine beachtliche Unterstützung wegen Körperbehinderung ein, womit er für den Rest seines Lebens ausgesorgt hatte.

Und Maggie Mulloy? Es dauerte nicht lange, und sie glaubte tatsächlich an ihre eigene Geschichte. In stürmischer Winternacht, zumal bei unstetem Mondschein, gehört nicht viel dazu, Schattengebilde als menschliche Gestalten zu deuten. Ist man erst einmal soweit, kann man sie auch leicht in Uniformen stecken.

Trotz alledem, von seinem schändlichen Tun konnte Micky Dooley nicht lassen. Eher verdoppelte er seine räuberischen Streifzüge durch die Torfstiche. Und er stahl ungestraft. Er fand, das war sein gutes Recht. Hatte er nicht, nur auf sich gestellt, eine ganze Kompanie Black and Tans das Fürchten gelehrt? Bei Gott, wer, wenn nicht er, hatte Anspruch auf ein paar Torfstücke aus anderer Leute Besitz. Nicht umsonst war er einer der beiden Helden, die die Schlacht von Ballybooley überlebt hatten. Der Mann, der den Zündstoff gelegt hatte, hütete sich, mit jemandem über seine Weihnachtsüberraschung zu reden, ja erwähnte das Thema nicht einmal mehr gegenüber seiner Frau.

Hin und wieder suchten Fremde die Dooleys auf. Sie wollten das Haus sehen, die Einschlaglöcher der Kugeln und die Wunde am Fuß, die Micky fast das Leben gekostet hätte. Auch die Erinnerung an den Kater, der im Dienst seines Herrn auf so tragische Weise ein Ende fand, wurde in Ehren gehalten. Wenn die Sprache auf das Hinscheiden des Tieres kam, meinte Micky Dooley in Abwandlung eines Bibelverses: »Niemand hat größere Liebe denn der Kater, der sein Leben läßt für seine Freunde.«

Torfzauber

Eine Zeitlang war ich versucht, diese Geschichte »Weihnachtsfäßchen« zu nennen. Mit Weihnachtsgeschichten aller Art ist der Leser vertraut, warum also nicht zur Abwechslung einmal »Weihnachtsfäßchen«. Meine Frau war aber nicht recht glücklich mit dem Titel, als ich ihn ihr vorschlug. Und nach weiterem Überlegen kam ich auf den Einfall mit »Torfzauber«. Wer weiterliest, erfährt warum.

Noch nie hatte es in dem Marschland von Booleenablawha so bös ausgesehen wie dieses Jahr. Etliche Wochen vor Weihnachten hatten die Behörden nach und nach alle Straßenbauarbeiten eingestellt, und es bestand wenig Aussicht, daß es vor dem Frühjahr wieder losgehen würde.

Von den sieben Familien, die in der Gegend vom Straßenbau lebten, war Jack Tobin mit den Seinen am härtesten betroffen. Die Söhne und Töchter von den anderen waren schon erwachsen und verdienten sich ihr Brot in England und Amerika. Jacks Ältestes war gerade erst zehn, und das Jüngste steckte noch in den Windeln.

Der einzige Trost bestand darin, daß wenigstens für die zwölf Tage der Weihnachtszeit genug zu essen da war. Dafür hatte Jack gesorgt. Er hatte zehn seiner Torfpyramiden in der Stadt absetzen können. Jeder Stapel machte eine Fuhre aus, und jede hatte auf dem Markt ein Pfund gebracht. Zwölf seiner kunstvoll geschichteten Kegel hatte er auf seinem Torfstich zurückbehalten. Wie Zinnsoldaten standen sie da, kerzengerade und fest. Nichts würde die umwerfen, kein Regen, kein Schneeschauer, kein Hagelschlag, selbst wenn das Wetter bis Mai so ging.

Jack hätte mühelos drei oder vier weitere Fuhren loswerden und mit dem Geld Getränke fürs Fest heranschaffen können. Aber das hätte spärlicheres Heizen bedeutet, und der Winterwind hätte leichtes Spiel gehabt. Die Kinder würden erbärmlich frieren, der Frost in Zehen und Hände beißen. Doch da kannten Jack und seine Frau Monnie nichts, an die Kinder wurde zuallererst gedacht.

»Wenn wir uns sonst nichts gönnen und unsere paar Pennies zusammenhalten, könnte es zu einem Dutzend Flaschen Stout und einer halben Flasche Whiskey reichen, ein paar Mineralwasser für die Kinder sind vielleicht auch noch drin«, hatte seine Frau flüsternd gemeint, als sie unter ihrem Federbett lagen. Das war zwei Wochen vor Weihnachten gewesen. »Drei Flaschen von dem billigen Sherry haben wir noch, die sind von Vaters Begräbnis übriggeblieben, die könnten wir für die Frauen nehmen.«

Im Sommer war Jacks Vater gestorben – ohne Krankheit, einfach so an Altersschwäche –, und der dann fällige Leichenschmaus hatte ein großes Loch in ihre dürftigen Ersparnisse gerissen. Daß die beiden sich Sorgen um ihren Getränkevorrat machten, hatte nichts damit zu tun, daß es sie selbst nach Alkohol verlangte, auch wenn man Jack nicht nachsagen konnte, daß er einen Sonntagabend im Dorfpub ausließ. Monnie konnte mit gutem Gewissen von sich behaupten, daß sie Alkohol gänzlich kalt ließ. Das Problem, das beide beschäftigte, rührte von einem uralten Brauch her. Jeder der sieben Haushalte in Booleenablawha war nämlich während der Festtage zum Jahresausklang und -anfang abwechselnd Gastgeber für die anderen sechs, so bescheiden die Geselligkeit auch war, die man sich bot.

Nicht, daß die Hausfrauen miteinander wetteiferten oder daß über die Maßen getrunken wurde, aber daß es in einem Haus überhaupt nichts zu trinken gegeben hätte, war noch nie vorgekommen, selbst in den schlimmsten Zeiten nicht. Andere Festivitäten im Jahr konnte man sich in der kleinen leidgeprüften Gemeinde nicht leisten, wenn man von Totenfeiern, Hochzeiten und dem Zaunkönigstanz absieht. Auf die Weihnachtseinladung jedoch verzichtete keiner.

Hätten die Nachbarn gewußt, wie es um Jack und seine Familie bestellt war, hätten sie, ohne zu zögern, die nötigen Getränke mitgebracht; aber das war das letzte, was Jack und Monnie gewollt hätten. Jack wußte auch, daß er sich ohne weiteres ein oder zwei Pfund von einem Freund borgen konnte oder daß ihm der Kneipenwirt mit ein paar Flaschen aushelfen würde. Nur, Schuldenmachen kam für ihn überhaupt nicht in Frage.

Weihnachten rückte näher, und die Tobins zerbrachen sich noch immer den Kopf. Früh hatte es geregnet, durch die Erlen am Straßenrand wehte eine frische Brise. Jack ging prüfend um seine Torfstapel und suchte die trockneren dunklen Soden für das Kaminfeuer und die bevorstehenden Weihnachtstage zusammen. Er war ein wahrer Meister in der hohen Kunst des Aufschichtens von Torfpyramiden. Seine Torfburgen, wie seine Kinder sie nannten, trotzten jeder Böe und jedem Dauerregen.

Langsam bepackte er seinen Eselskarren und sah plötzlich einen schwer beladenen Lastwagen, der mühsam auf der schmalen holprigen Straße zwischen den Torfstichen entlangtuckerte. Jack winkte dem Fahrer zu, und der winkte zurück. Dann war er auf seiner Höhe, er hatte Holzfässer mit Porter geladen, und auf dem unebenen Weg mit Huckeln und Löchern schwankte die kostbare Fracht gefährlich.

Der Mann, der ihm zugewinkt hatte, mußte ein Ersatzfahrer sein, den man nur vorübergehend für das Weihnachtsgeschäft angeheuert hatte, dachte Jack. Offensichtlich kannte er sich nicht aus in der Gegend, sonst wäre er auf der Hauptstraße geblieben und hätte nicht diese halsbrecherische Abkürzung genommen. Dann geschah es! Etwa hundert Meter weiter war eine alte, efeubewachsene Buckelbrücke. Ein gewiefter Fahrer hätte das Tempo verlangsamt. Als der Lastwagen über die Brücke schlingerte, hing das hintere Teil kurz in der Luft, während das Vorderteil mit der Fahrerkabine sich bereits abwärts neigte. Dann faßten auch die Hinterräder wieder Grund, aber bei dem Aufprall hüpfte ein Faß hoch, ging über Bord, fiel auf den weichen Wegrand und rollte zurück, bis ihm ein Weidenbusch den Weg versperrte. Jack Tobin ließ alles stehen und liegen, rannte zur Straße, fuchtelte wild mit den Armen und schrie, so laut er konnte, dem Fahrer hinterher, doch vergebens. Der Lastwagen fuhr weiter und verschwand. Vor Jack lag ein unangezapftes Achtzigliterfaß besten Porters.

Und das weiß jeder Zaunkönigstänzer, so ein Faß gibt hundertsechzig Halbe samtbraunen, köstlich berauschenden Porter, so verschwenderisch viel, daß die Leute von Booleenablawha zu tun hätten, es in fröhlicher Runde in einer einzigen Nacht zu leeren. Etliche Minuten stand Jack Tobin da, ohne sich zu regen. Vieles wollte bedacht sein. Am besten, er rollte das Faß erst mal tiefer ins Gebüsch, damit nicht etwa herumziehende Gauner oder Gott weiß was für Volk darauf stießen.

Erst am Abend – sie saßen am ausgehenden Feuer, und die Kinder waren längst im Bett – erzählte Jack seiner Frau, was sich zugetragen hatte und wo der unverhoffte Schatz verborgen lag.

Monnie Tobin nahm die Feuerzange zur Hand, stocherte in der Asche und fand noch ein paar Glutreste.

Als sie das Feuer wieder geschürt hatte, hielt sie die Zange auf ihren Mann gerichtet, um ihren Worten mehr Nachdruck zu verleihen.

»Das erste, was du am Heiligabend in der Früh tust«, entschied sie, »ist, daß du dein Fahrrad nimmst und in die Stadt fährst und bei McFee, dem Großhändler, vorsprichst. Frag nach, ob sie ein großes Faß Porter vermissen. Wenn ja, wird das Faß zurückgeschafft. Wenn nicht, werden wir sehen.«

Bis tief in die Nacht hinein erörterten sie die finanzielle Lage der Familie. Sie konnten noch so sparsam wirtschaften, jeden Penny zigmal umdrehen, sich nahezu alles versagen, es war kein Ende ihrer Drangsal abzusehen.

Beflissen überprüften die Angestellten bei McFee die Papiere; ein Eintrag über ein fehlendes Faß ließ sich nirgends finden. Kein Kunde hatte sich beschwert, er wäre übers Ohr gehauen worden, und die Zahl der Fässer im Lager stimmte akkurat mit den Papieren überein.

»Nicht, daß Sie etwa ein Faß gefunden haben?« fragte lachend der Lagerverwalter.

»Aber nein!« hieß es prompt. »Es ging da nur so ein Gerücht um.«

Der Abend kam, Dämmerung senkte sich über das Moor. Jack und Monnie Tobin sagten den Kindern, sie würden erst noch einen Spaziergang machen, und wenn sie zurückkämen, würde Weihnachten gefeiert mit Limonade und Gebäck.

Auf dem Hochmoor blies ein scharfer Südwest. Über ihnen schien der Mond und schickte sein fahles Licht über das raschelnde Sumpfland. Ab und an verdunkelten vorüberziehende Wolken das Bild. Für das, was Jack und Monnie vorhatten, konnte es gar nicht besser sein.

An dem Gebüsch angelangt, wo das gepriesene Faß verborgen lag, warteten sie die nächste Wolke ab, die den Mond verdecken sollte. Selbst dann hielten sie erst noch Ausschau. Als es ihnen finster genug schien, rollte Jack das Faß aus dem Versteck und bugsierte es mit Hilfe seiner Frau langsam über einen Trampelpfad zum Rand seines Torfstichs. Dort standen die gegen Wetterunbilden gefeiten zwölf Torfkegel.

In dem Holzfaß gluckste und gurgelte der Porter aufreizend. Dann wurde es darin wieder ruhig. Jack Tobin mutmaßte mit Recht, daß die ständige Bewegung innen Schaum produziert hatte. Das Wasser lief ihm im Munde zusammen bei dem Gedanken, die erste Kostprobe des himmlischen Gebräus nehmen zu können.

Er hatte die entsprechenden Vorkehrungen getroffen. In der Hosentasche fand sich ein Zapfhahn aus Messing, der schon etliche Totenwachen mitgemacht hatte. Vorausschauend hatte er hinter einem eigens ausgesuchten Torfstoß einen grob behauenen Holzhammer versteckt. Der Hammer würde gute Dienste leisten und den Zapfhahn ins Spundloch treiben, wenn das Faß erst einmal an Ort und Stelle war. Außerdem hatte Jack in weiser Voraussicht eine Bohrleier und einen zugespitzten Holzpfropf mitgebracht, der dann ins Spundloch kam und für einen gleichmäßigen Fluß sorgen sollte.

Jacks Umsicht und handwerkliches Können in bezug auf Porter und Zapfen beruhten auf langer Erfahrung. Abgesehen von dem jährlichen Zaunkönigstanz, der in der ganzen Region gang und gäbe war, gab es immer einmal Familienfeiern, bei denen stets mehrere Fässer in Betrieb waren. Folglich konnte man auf dem Lande die Häuser zählen, in denen sich kein Zapfhahn und kein Spundbohrer fanden.

Wie in allen Gewerken, so gab es auch hier Pfuscher und Könner. Wo so viel vom Gelingen der Sache abhing, konnte man das Anzapfen eines frischen Fasses, das unwiederbringliches, kostbares Gut enthielt, unmöglich einem überlassen, der keine Ahnung hatte. Nur wer sich schon einen guten Ruf erworben hatte und als erfahren auf diesem Gebiet galt, wurde auserwählt und mit einer derart verantwortungsvollen Aufgabe betraut. Jack Tobin gehörte zu dieser Elite.

Sowie sie die für den besonderen Zweck geeignete Torfpyramide erreicht hatten, trug er mit raschen Handgriffen den oberen Teil ab. Dann hievte er unter Aufbietung aller Kräfte das Faß hoch und legte es auf den sorgfältig geschichteten Unterbau. Prüfend und liebevoll rückte er das Faß zurecht, damit es dann auch beim Zapfen gut und sicher lag. Zwei, drei gezielte, genau abgestimmte Schläge, und der Spund war ins Faß getrieben.

Ohne Hast schichtete Jack Tobin die vorher abgebauten Torfsoden wieder um das ruhende Faß. Mit welcher Geschicklichkeit er diese schwierige Aufgabe meisterte, zeigte den Künstler in ihm. Gewiß, das volle Mondlicht kam ihm zu Hilfe, doch das Gefühl und nicht minder das sichere Augenmaß unterscheiden den wahren Meister von einem mittelmäßigen Torfbauern. Zuletzt umkleidete er den hervorstehenden Zapfen mit einer reichlichen Handvoll Torferde. Dann zog er aus seiner Manteltasche einen kleinen Blechbecher. Jetzt kam die Nagelprobe. Wer hier auf dem Lande lebte und eine Schwäche für Porter hatte, und das waren nicht wenige, würde steif und fest behaupten, daß jedes Faß anders schmeckte. Eins war zu würzig, das andere zu schal. Manche hatten einen bitteren Beigeschmack, und andere, was viel schlimmer war, schmeckten nach Faßholz und waren ungenießbar. Das kam allerdings selten vor, und wenn, dann wurde so ein Faß von der Brauerei ersetzt. Sollte sich erweisen, daß Jack Tobins Faß verdorben war, würde sich leider ein Umtausch verbieten, denn er würde nicht preisgeben können, wie er dazu gekommen war.

Er schickte einen Blick nach oben zu seinem himmlischen Verbündeten, dem unbestrittenen König am Himmel, der – von keinem Wölkchen behindert – hell strahlte. Was, wenn in dem Faß nur Wasser war oder irgendein Reinigungsmittel! Er hielt den Becher unter das Zapfloch und drehte den Hahn auf. Ein kräftiger Strahl süßlich riechenden Porters schoß heraus und schlug ihm das Gefäß aus der Hand. Schnell drehte er den Hahn zu und bekam den Becher wieder zu fassen.

Beim zweiten Versuch drehte er den Hahn nur halb auf. Das auf diese Weise gebremste Bier ergoß sich dennoch mit kühnem Schwung fröhlich in den Trinknapf; Jack mußte das niedrige Gefäß schräg halten, damit nichts über den Rand schwappte. Als es voll war, stellte er es auf dem Torfstapel ab. Der Schaum sollte sich setzen und das köstliche Naß steigen. Als er glaubte, nun sei es soweit, reichte er den Becher seiner Frau. Sie probierte vorsichtig, und entzückt von dem ersten Schluck setzte sie gar nicht mehr ab und erklärte, noch nie in ihrem Leben hätte sie so etwas Herrliches getrunken. »Weich und mild wie Sahne«, urteilte sie und leckte sich die Lippen, »nur noch viel schöner.«

Als sie etliche Becher intus hatten, sammelten sie ihre Utensilien zusammen und machten sich Hand in Hand auf den Heimweg, während der gütige Mond ihnen freundlich leuchtete.

»Hast du jemals so etwas gekostet?« fragte Monnie, als sie fast zu Hause waren.

»Noch nie«, versicherte Jack, drückte ihre Hand und küßte sie mit noch leicht schaumigen Lippen auf ihren ebenfalls noch nach Porter duftenden Mund. Vom Porter beschwingt und von weihnachtlicher Stimmung erfüllt sangen später Jack und Monnie den begeisterten Kindern heitere Lieder aus ihrer Jugendzeit vor.

Die Zeit verstrich, und von den zwölf Rauhnächten blieben nur noch zwei. Es kam der Abend, an dem die Tobins alle Nachbarn zu sich luden. So ein nächtliches Beisammensein hatte es bis dahin noch nie gegeben. Alle halbe Stunde schlüpfte Jack Tobin zur Hintertür hinaus, mit zwei kleinen Melkeimern bewaffnet. Binnen weniger Minuten war er wieder da, beide Eimer bis zum Rand gefüllt mit dem nahrhaftesten, schmackhaftesten, köstlichsten Porter, der den Bewohnern dieses Himmelstrichs je vorgekommen war. So lautete jedenfalls das Urteil der Nachbarn.

Mit fortschreitendem Abend lösten sich ihre Zungen,

und natürlich wollte man wissen, woher Jack den Porter hatte. Aus Limerick, ließ er sie wissen, dank der Vermittlung eines Viehhändlers, der ihm gewissermaßen verpflichtet war, weil er dem früher im Jahr Torf auf Kredit geliefert hatte.

Und wie er ihn herbekommen hatte, lautete die nächste Frage. Na, in Milchkannen, hieß es; umgießen von der einen Milchkanne in seine hätte er den Porter müssen, und da wäre er langsam aber sicher zu dieser tadellosen Qualität gereift, die so völlig anders als die aus den Fässern vergangener Jahre war. Aber die kritischen Älteren der Gemeinde Booleenablawha gaben sich nicht so leicht zufrieden. Doch auch bei weiteren Fragen war Jack nicht um eine Antwort verlegen.

Sein unmittelbarer Nachbar, ein Mann, der immer alles ganz genau wissen wollte, egal ob die Auskunft der Wahrheit entsprach oder nicht, ließ nicht locker. »Und wie heißt die Kneipe, wo der Porter herkommt?«

Auf diese Frage war Jack nicht vorbereitet. Abgesehen davon war er in der beklagenswerten Situation, daß er auch nicht einen einzigen Namen einer Gastwirtschaft in Limerick kannte, denn er war noch nie dort gewesen.

»Den Namen der Kneipe?« überlegte er.

Seine Frau kam ihm zu Hilfe. »Die Kneipe heißt ›Zum Torfzauber‹«, tat sie kund, ohne mit der Wimper zu zukken.

»Torfzauber« wiederholte der Nachbar, »na klar, die kenn ich doch!«

Unmöglich hätte der arme Kerl eingestehen können, daß er keine Ahnung hatte, wo diese gepriesene Quelle lag, die todsicher jeder Mann, jede Frau und jedes Kind aus Limerick und der Umgebung kannte.

Wie sich herausstellte, war der »Torfzauber« auch vielen anderen dreisten Lügnern in der Runde bekannt, dabei waren auch sie nie in Limerick gewesen. Das gleiche galt für die Frauen, die sich über die Jahre angewöhnt hatten, die großspurigen Behauptungen und waghalsigen Urteile ihrer Männer vorbehaltlos gutzuheißen.

Solch einträchtiges Beteuern und Beistehen ist das Unterpfand langwährender Ehen bei den einfachen Torfbauern von Booleenablawha, und deshalb gedeihen dort Frieden und Redlichkeit in den Familien und wird die Weihnachtszeit geheiligt und gefeiert, wie es die Tradition verlangt.

Der Orden des MacMoolamawn

König aller Vögel der Zaunkönig ist.
Doch am Stephanstag ward er gefangen mit List.
Klein, wie er ist, sein Geschlecht stirbt nicht aus.
Alle Jahre wieder ziehen wir von Haus zu Haus.

Wer von den Bürgern der Stadt den ersten Weihnachtstag als zu steif und förmlich empfand, kam am zweiten
Feiertag, dem Sankt Stephanstag, so recht auf seine Kosten. Bei vielen hieß er Zaunkönigssänger-Tag, und das
aus gutem Grund. Denn vom frühen Morgen an bis spät
abends, wenn die Wirtshäuser schlossen, drängten sich
die Zaunkönigssänger aus dem ländlichen Umland in
den Straßen und auf den Plätzen. Sie kamen einzeln,
paarweise, in kleinen Gruppen und in großen Trupps
und brachten ihre uralten herzerfrischenden Lieder und
Tänze mit, und immer gelang es ihnen, das Weihnachtsfest heiter ausklingen zu lassen. Zu ihrer traditionellen
Aufmachung gehörten der mit Flittergold benähte Kattunkittel, die Schirmmütze und alle möglichen Musik-
instrumente. Am häufigsten war die mit Ziegenleder be-
spannte Handtrommel, das Bodhrán, vertreten.

Sie spielten, sangen und tanzten zu ihren fröhlichen
Weisen auf Hauptstraßen und Seitengassen, bis ihre Kas-
senwarte und Hauptleute befanden, daß genügend Geld
eingenommen sei, um die Kosten für das alljährliche
Tanzvergnügen Anfang Januar zu decken.

Häufig machten sich Zaunkönigssänger und manchmal
auch -sängerinnen lieber einzeln oder auch zu zweit zum
Heischegang auf, und dann behielten sie die Einkünfte
für ihr eigenes Wohlergehen. Manche beglichen damit an-

stehende Schulden, andere nutzten die Spenden, um sich oder ihrer Nachkommenschaft Stiefel oder Schuhe zu kaufen. Die übrigen, die allerdings die große Mehrheit darstellten, ließen sich hemmungslos vollaufen, bis alles verpraßt war. Damals war das Leben in der Gegend, in der unsere Geschichte spielt, oft reichlich mühselig, und Abwechslungen waren rar; das erklärt, weshalb niemand, nicht einmal die besonders Tugendsamen, mit Fingern auf die Verschwender wies oder sie dafür tadelte, daß sie die gesammelten Gelder nicht nützlicher verwendeten.

Hier sei nun von zwei ältlichen Zaunkönigssängern berichtet, die der eben erwähnten Verschwendungssucht zum Opfer fielen. Wie es das Leben so mit sich bringt, hatte das Alter auch diesen beiden schon seinen Stempel aufgedrückt. Ihr Auftreten war längst nicht mehr so kraftvoll wie ehedem, doch weigerten sie sich standhaft, sich als hinfällig zu betrachten. Beide weilen längst in den Gefilden der Glückseligen, wo sanftes Trommeln auf dem ziegenfellbespannten Bodhrán ewig im Ohr tönt und Zaunkönigstänze gewissermaßen non-stop stattfinden. So jedenfalls dürften sie sich den Himmel vorgestellt haben, und warum nicht! Denn hat nicht unser Herr Jesus Christ verkündet: »In meines Vaters Hause sind viele Wohnungen.« Auch darf man nicht vergessen, daß das Leben selbst keineswegs Jubel, Trubel, Heiterkeit ist, so daß der Mensch sehr wohl vom immerwährenden Tanz wenigstens träumen mag.

Wie dem auch sei – lang, lang ist's her, Weihnachten 1939 nämlich, da waren unsere beiden beherzten Freunde schon am Abend des ersten Feiertags betrunken wie zwei Brauereiratten. Um sie herum sinnierten die anderen Stammgäste in der nicht ganz legal geöffneten

Gastwirtschaft leise und mit schweren Zungen über die Wechselfälle des Lebens und darüber, daß übertriebene Sparsamkeit einem letztlich gar nichts half. Man tauschte sich über die Zaunkönigsumzüge aus, über die erlebten vergangener Jahre und die bevorstehenden, und zwischendurch ging es auch um Liebe und Eintracht unter den Menschen. Bedächtig stießen sie auf Freundschaft und unverbrüchliche Treue an und gelobten, an derselben Stelle übers Jahr und in allen Folgejahren zusammenzukommen, bis daß sie abberufen würden an einen anderen Ort. Wenn der nur halb so schön wäre wie der gewohnte hier, wären sie's schon zufrieden.

In den Straßen taten die Gesetzeshüter ihren Dienst, blieben gelegentlich vor dem Eingang verdächtiger Gastwirtschaften stehen und horchten oder gaben vor, kontrollierend zu horchen, ob drinnen etwa alkoholische Getränke ausgeschenkt würden. Hatten sie sich überzeugt, daß dem nicht so war, zogen sie gewichtig weiter ihre Runden, ohne eine Miene zu verziehen oder den Schritt zu verlangsamen.

Damals gab es in jeder Stadt und in jedem Dorf einen Pub oder auch zwei, die Weihnachten immer geöffnet hatten. Die betreffenden Wirte, die sonst über jeden Tadel erhaben waren, rechtfertigten sich damit, daß sie es nicht mit ansehen könnten, wie so viele niedergedrückte Seelen mit unbehandeltem »Kater« durch Straßen und Gassen irrten ohne die mindeste Aussicht auf Besserung. Aus reinster Herzensgüte und aus keinem anderen Grund ließen diese sanftmütigen Wirtshausbesitzer die Bedürftigen und Leidenden diskret ein, sofern sie sich auf die geheimen Klopfzeichen verstanden und Geld für einen Drink bei sich hatten.

Unsere beiden ältlichen Freunde saßen stillvergnügt im finstersten Winkel der Gaststube und tranken ihre Halben Stout und ab und an einen kleinen Whiskey. Sie schmiedeten ihre Pläne für den nächsten Tag, sprachen aber leise. Denn ihr Rundgang am Stephanstag konnte nur erfolgreich sein, wenn ihre Route streng geheim blieb. Deshalb hatten sie sich abseits gesetzt und tuschelten kaum hörbar miteinander. Man mußte unbedingt so früh wie möglich unterwegs sein, wollte man höchstmögliche Spenden einheimsen, und das konnte gut und gerne ein Schilling oder sogar mehr sein. Später vorbeikommende Sänger wurden mit Pennies oder halben Pennies abgespeist oder standen vergeblich vor Türen, an die vor ihnen schon andere Trupps geklopft hatten. Das Kleingeld, das man für diesen Zweck sorgsam in den Haushalten zurücklegte, war dann bereits vergeben. Vernünftige Zeiteinteilung war von äußerster Wichtigkeit, und dann das Maßhalten. Man durfte sich nämlich nur eine begrenzte Anzahl Schnäpse genehmigen, um nicht sternhagelvoll zu sein, zumindest solange man als Zaunkönigssänger auf Tour war. Danach könnten sie sich in einem Pub, der ihnen zusagte, niederlassen und in aller Ruhe ausspannen.

Zuletzt gingen sie noch einmal den sorgsam ausgedachten Plan durch. Sie nahmen sich vor, in aller Herrgottsfrühe zu starten, das heißt eine Stunde vor Sonnenaufgang. Sie wollten sich die Gesichter färben, der eine mit schwarzer Schuhkrem, der andere des Kontrastes wegen mit brauner. Dann würden sie sich ihre Kattunkittel anziehen und die Mützen aufsetzen und ganz zum Schluß die gestickten grünen Schärpen anlegen. Die übrigen, sich ans traditionelle Kostüm haltenden Sänger würden sie damit glatt ausstechen. Jeder wollte sich ein zusätzliches Paar Schuhe oder Stiefel an den Gürtel binden, um bequem und trockenen Fußes über Landwege und Stadtstraßen zu gelangen, denn die Route, die sie bald über fünfzig Jahre abklapperten, erstreckte sich immerhin über dreißig Kilometer. Auch gelobten sie sich, während der ersten Hälfte ihrer Reise nichts Alkoholisches anzurühren – aber ausgiebig frühstücken wollten sie. Gegen Regenschauer mußten sie gewappnet sein und ihre Instrumente schützen; die würden sie notfalls in Reste alter Wachstuch-Tischdecken einschlagen. Bodhrán und Ziehharmonika brauchten sie ja erst, wenn sie unter einem Dach oder zwischen den Schutz gewährenden hohen Häusern in der Stadt standen. Blieb es aber schön, könnten sie sich ihre Wanderung mit flotter Marschmusik verkürzen. Handtrommel und Ziehharmonika klangen gut zusammen und tönten weit über Felder und Wiesen, so daß die Leute in den abgelegeneren Gehöften bereits von weitem die heranmarschierenden Musikanten hören und ihr Scherflein immer schon bereit halten konnten. Als alles gründlich beredet war, lehnten sie sich auf ihrer Bank zurück und nickten ein, denn angestrengtes Denken, vorgerücktes Alter und Whiskey nebst Bier wirkten einschläfernd. Kurz vor Wirtshausschluß rüttelte ein netter Nachbar sie wach und bot ihnen an, sie mit seinem Gespann nach Hause zu fahren. Der eine von den beiden war Junggeselle, und sie hatten sich darauf verständigt, die Nacht bei ihm zu verbringen, um gleich in der Frühe aufbrechen zu können. Es war nicht das erste Mal, daß die beiden die Nacht gemeinsam verbrachten. Bei manchen Gelegenheiten, wenn ihr Alkoholpegel alles andere als moderat war, zog der Verheiratete von ihnen es klugerweise vor, eine Konfrontation mit der zänkischen Gattin zu vermeiden. Hinzu kam, daß eben diese Gattin sich wenig Mühe gab, ihre Antipathie gegenüber dem besten Freund ihres Mannes zu verbergen, wenn der ihn einmal aufsuchte, und das war selten genug, um etwas Geschäftliches oder sonst Wichtiges zu bereden. Kein Wunder also, daß ihr Gatte bereitwillig auf das Angebot seines Freundes eingegangen war. Die langen Nachtstunden gingen in aller Seligkeit dahin. Von Zeit zu Zeit krochen die Freunde aus ihren warmen Federbetten und nahmen einen Schluck von den ansehnlichen Vorräten an Bier, Wein und Schnaps, die der sorglos lebende Junggeselle in weiser Voraussicht unter seinem Bett und dem seines Freundes deponiert hatte.

Wachte einer von ihnen auf, egal wie spät es war, dachte er immer daran, seinen Kumpel nicht zu übervorteilen. Er tippte dem im Bett Liegenden auf die Schulter und hielt ihm eine Flasche an die Lippen. Ehe sie dann wieder sorglos entschlummerten, sangen sie mal ein Liedchen oder schwatzten eine Weile über frühere Zeiten. Und bald verkündete tiefes ruhiges Schnarchen, daß die Natur sich ihr Recht nahm.

Nach dem sie länger als üblich ohne Unterbrechung durchgeschlafen hatten, wurden beide zur gleichen Zeit wach.

»Hör ich da eine Drossel oder ist es eine Amsel?« fragte der Junggeselle.

»Ich halt das mehr für eine Amsel«, äußerte sich schläfrig sein Kumpan, doch beide standen sofort auf. Sie zogen die Vorhänge beiseite und blickten angestrengt in den noch dunklen Wintermorgen. Kein Zweifel, allenthalben regten sich die Vögel und stimmten sich in der Dämmerung auf ihren Morgenchor ein. Der Junggeselle machte die Hintertür seiner winzigen Behausung auf und kippte das Nachtgeschirr in den munter vorbei fließenden Bach aus. Dann betrachtete er angelegentlich die Uhr auf dem Kaminsims in der Küche und stellte erfreut fest, daß noch zwanzig Minuten an neun Uhr fehlten. Er blies sich in die kalten Hände und machte Feuer an. Moorholz und Torf dafür hatte er schon sorgsam aufgeschichtet, ehe er sich am ersten Weihnachtstag in die Stadt aufgemacht hatte. Im Nu prasselten die Flammen; sie leuchteten in bunten Farben. Er hängte den Wasserkessel mit dem rußgeschwärzten Boden an den Haken und schob ihn über die züngelnde Glut. Beide deckten dann den Tisch, besonderer Aufwand war dabei freilich nicht nötig. Frühstücksteller galten damals als etwas, das Neureiche kennzeichnete, und die großen Trinkbecher waren ohnehin nicht dazu geschaffen, auf eine Untertasse zu passen. An die beiden Tischenden stellten sie Eierbecher, die waren für die Enteneier gedacht, die sie mit einer Suppenkelle in das brodelnde Innere des Kessels lancierten, sobald die ersten Dampfstrahlen pfeifend der Tülle entwichen.

Heißhungrig verschlangen sie ihre Enteneier, jeder zwei, dazu eine Menge Brot, Butter und Marmelade, und tranken etliche Becher starken Tee. Schließlich war noch Weihnachten, und da konnte man sich Marmelade zu der Butter schon einmal leisten. Nach diesem sättigenden Mahl fühlten sie sich kräftig genug für ihr Vorhaben, zogen ihre Kattunkittel an und setzten die Mützen auf. Gegenseitig halfen sie sich, die Schärpen über die Schulter zu hängen und glatt zu streichen. Dann schmierten sie sich die Schminke ins Gesicht, schwarz oder braun, wie abgesprochen. Zum Schluß gingen sie noch eine Weile ihr Repertoire durch, summten und trällerten ihre Melodien. Auf Trommel und Ziehharmonika probierten sie die ersten Takte, die ihnen auch gleich gelangen. »Herrlich wie Windesrauschen klingt das«, begeisterte sich der Alte mit dem Bodhrán. »Bei Gott«, rief er aus, »von Jahr zu Jahr klingt die alte Knautschkommode schöner.« Die Probe wurde beendet, und auf ging's in den milden Morgen. Aus jedem Hag und Busch, kahl wie sie standen, tönte der Gesang und das Tschilpen hunderter Vögel. Während unsere Freunde wacker ausschritten, priesen tausend andere mit eifrigem Zwitschern den freundlichen Morgen.

»Was haben wir für ein Glück mit dem Wetter«, jubelte der Junggeselle.

»Gott sei gelobt«, entgegnete sein Freund.

»Es könnte ja wie aus Kannen schütten.«

»Oder Hagelkörner könnten niederprasseln.«

»Widerliche Graupelschauer oder Schneematsch wären auch kein Vergnügen.«

»Möchte man sich gar nicht erst ausmalen«, hieß es, und damit schlug der Bodhránspieler auf seine Trommel, um dem Himmel Dank zu sagen. Die Ziehharmonika schwang sich zu einer Reihe flotter Weisen auf, und ihre Musik begleitete sie bis in die Vorstadt. Nie ist ein glücklicheres Paar auf winterlichen Straßen marschiert. Nie haben Musikanten mehr Spaß an ihrem weithin klingenden Spiel gehabt. Nie sind Wanderer trotz ihrer beschwerlichen Jahre so leichten Schritts ihres Wegs gezogen, und nie haben Herzen so voller Hoffnung geschlagen, denn alle Regeln der Kunst besagten, daß glückliche Stunden vor ihnen lagen und noch glücklichere folgen müßten.

»Gottlob, wir sind die ersten«, sagte einer zum anderen. Ringsum war kein verkleideter Zaunkönigssänger zu sehen, und gewiß war keine andere Gruppe vor ihnen dagewesen, um die reichlichen Gaben der Vorstädter einzusammeln. Ohne unnütz Zeit verstreichen zu lassen, brachten die beiden den Bewohnern der stattlichen Häuser zu beiden Seiten der Straße ein Ständchen mit sanft romantischen Melodien. Nachdem sie einige einschmeichelnde, wenn auch kurze Stücke gespielt hatten, warteten sie darauf, daß sich die Türen öffneten. Sie schauten nach oben, wie sie es so viele Jahre getan hatten, und rechneten damit, daß Schlafzimmerfenster aufgehen und Münzen nur so herabrieseln würden. Sie waren echt verwundert, als nichts dergleichen geschah.

»Die müssen wir wohl erst raustrommeln und hochscheuchen.« Der Bodhránspieler schlug mit der Faust auf seine Ziegenfelltrommel, daß sie nur so dröhnte und bebte. Die Töne hallten durch die leeren Straßen und Gassen von einem Ende der Stadt bis zum anderen. Nachdem der Trommler solcherart ihre Ankunft verkündet hatte, ging sein Freund zum ersten Haus und klopfte leise an. Das war ein imposantes Gebäude mit einer jener kunstvoll gestalteten Türen, die lautes Klopfen bestimmt nicht mochten. Es dauerte nicht lange, und ein kleiner Junge mit Brille machte auf. Hinter ihm stand seine Mutter im Morgenrock und in Hausschuhen und schaute sie freundlich, aber erstaunt an. Unsere Spielleute kannten sie von früheren Jahren. Immer hatte sie je nach Laune einen Schilling oder ein Sechs-Penny-Stück für sie übrig gehabt.

»Tut mir leid«, erklärte sie ihnen, »wir haben gestern schon allen etwas gegeben.« Abgewiesen zu werden, waren die beiden gewohnt. Sie zogen vor die Tür des nächsten Hauses, und da erzählte man ihnen dasselbe. Verunsichert näherten sie sich der nächsten Tür und befürchteten schon das Schlimmste. Wahrscheinlich hatte der Priester wieder gepredigt und die Leute in Stadt und Land gegen die Zaunkönigssänger aufgehetzt! Warum die Geistlichkeit plötzlich so anderen Sinnes sein sollte, konnten sie sich allerdings nicht erklären, und nahmen sich deshalb erst mal vor, weiterzumachen wie geplant. Doch ihre hochfliegenden Pläne wurden schnell zunichte. Auf das aufreizende Schellen der Türglocke an der nächsten Wohnstatt kam ein vergnatzter Rentner heraus und fragte sie, ob sie eigentlich wüßten, was heute für ein Tag sei.

Erst jetzt dämmerte es unserem glücklosen Paar, daß sie einen falschen Tag erwischt hatten. Um ganz sicher zu gehen, baten sie den Alten, mal einen Blick auf die Zeitung werfen zu dürfen, die er hinter dem Rücken hielt.

Da stand es, so greifbar wie die Rippen der schlaff herabbaumelnden Ziehharmonika: 27. Dezember 1939. Tatsächlich, einen Tag zu spät waren sie dran. Im Jahreskalender machte ein Tag kaum etwas aus, doch in ihrer Situation war es genauso schlimm, als wären sie sechs Monate zu spät gekommen. Der Tag des heiligen Stephanus, der Tag des Zaunkönigs, der Tag, für den sie das ganze Jahr hindurch geplant hatten, war in aller Stille vergangen, während sie zu tief ins Glas geschaut hatten und in der Stube hinter zugezogenen Vorhängen in der kleinen Hütte ihren Rausch ausschliefen.

»So ein Mist, daß wir nicht dran gedacht haben, die Vorhänge aufzulassen«, jammerte der Bodhránspieler mit gesenktem Kopf und hieb auf sein Instrument.

»Hätten wir doch bloß mal ab und an auf die Uhr geschaut!« stöhnte sein Freund und quetschte aus seiner Ziehharmonika einen langen Klagelaut. Schweigend standen sie nebeneinander, blickten die Straße hinunter, und als sie davon genug hatten, schauten sie verzweifelt nach oben in den grauen Himmel, aus dem es noch immer nicht regnen wollte.

»Welcher Teufel hat uns bloß geritten?« fragte der Trommler.

»Der Suff war's!« kam prompt die Antwort.

Während sie so niedergeschlagen in der Vorstadtstraße standen und nicht aus noch ein wußten, sammelten sich an Haustüren und Toreinfahrten Frauen und Kinder. Niemand amüsierte sich über das Mißgeschick der beiden Alten, niemand lachte, weder verhalten noch laut, denn das hätte diese verspäteten Sänger vollends aus der Fassung gebracht. Vielmehr sahen die Frauen besorgt aus, Wehmut stahl sich in ihre Züge. Sie mußten an ihre Väter und Großväter denken, über deren wunderliches Verhalten sie oft den Kopf geschüttelt hatten, als die alt wurden. Trotzdem hatten sie die gern gehabt, die nun leider für immer von ihnen gegangen waren. Weilten sie auch nicht mehr unter ihnen, so wurden angesichts der beiden Alten, die zu spät gekommen waren, die Erinnerungen an sie wieder wach. Nach einigen peinlichen Augenblicken beschlossen die mutlos gewordenen Musikanten in schneeweißem Kostüm und Schirmmütze, ihr Unternehmen abzublasen. Doch dann geschah etwas Merkwürdiges. Ein Briefträger mit einer Posttasche voller Neujahrskarten kam vorbeigeradelt. Die Tasche hatte er sich um den Hals gehängt, anstatt sie am Riemen über der Schulter zu haben, denn auf dem Rücken trug er einen Tornister mit einem halben Dutzend Flaschen Stout. Als er das seltsame Paar am Straßenrand erblickte, stieg er ab.

»Achtung!« rief er scharf. Sofort nahmen die Zaunkönigsburschen Haltung an. Sie betrachteten sich als Männer in Uniform, und war der Mann, der den Befehl gebrüllt hatte, nicht auch in Uniform? Egal, wie die Uniform aussieht, wer sie trägt, muß gehorchen.

Außerdem – dieser Mann trug seine Uniform von Staats wegen, und war der Staat nicht die oberste Autorität? Also standen sie still und warteten auf weitere Befehle. Und soviel muß gesagt werden: Nie hatten zwei Zaunkönigssänger, die so völlig fehl am Platze und zur Unzeit erschienen waren, Befehle dringender nötig gehabt als die zwei.

Der Postbote führte das Rad neben sich und umkreiste die beiden, als ob er eine Ehrenkompanie inspizierte. Ihm fielen die Bartstoppeln auf, und traurig schüttelte er den Kopf angesichts solcher Mißachtung der Vorschriften. Er bemerkte natürlich den schalen Schnapsgeruch, der ihnen aus allen Poren drang, die offenen Hosenschlitze und daß sie die Mützen schief aufgesetzt und Dreck an den Schuhen hatten, kurzum, all die Dinge, die ein altgedienter Feldwebel beim Morgenappell zu bemängeln hat.

»Rührt euch!« Der Befehl klang jetzt recht leutselig, und sie verstanden sofort, daß er – lang war's her, und man würde es kaum glauben – auch einmal Zaunkönigssänger gewesen sein mußte. Vielleicht kannte er sogar aus eigener Erfahrung, wie es war, wenn man bei so einer Gelegenheit zu spät antrat? Er umkreiste die beiden nicht mehr ganz so betretenen Gestalten von neuem, brummte und räusperte sich ein paarmal und fragte, wer der Kassenwart sei.

Der Bodhránspieler gab ihm zu verstehen, daß er den Posten innehatte. Ohne ein Wort riß ihm der Postbote die Mütze vom Kopf, ließ sein Rad fallen, schob eine Hand in die Hosentasche, fingerte ein Sechs-Penny-Stück heraus und warf es in die Mütze. Dann machte er seine Runde bei den Frauen, die sich mittlerweile zusammengeschart hatten und denen die zwei Alten leid taten. Einzelne Pennies, Drei-Penny-Stücke, Sechs-Penny-Stücke und sogar ein Schilling wurden bereitwillig gespendet. Als der Briefträger bei allen herum war, gab er die Mütze, in der die Münzen klingelten, dem rechtmäßigen Eigentümer zurück.

»Und jetzt«, rief er, »spielt ihr was Forsches und marschiert hoch erhobenen Hauptes mitten in die Stadt hinein. Und das merkt euch, ein richtiger Zaunkönigssänger und ein rechtschaffener Mann kommen nie zu spät.«

Wie geheißen, stimmten sie eine mitreißende Melodie an und warfen sich in die Brust.

»Links um, vorwärts marsch!« kommandierte der Postbote. Im Gleichschritt und im Takt ihrer Musik marschierten die beiden Spielleute zackig los.

»Denkt daran«, rief der Briefträger ihnen hinterher, »wer einmal ein Zaunkönigssänger war, ist und bleibt einer, so will es der Orden des MacMoolamawn.«

»Der Orden des MacMoolamawn«, riefen sie zurück. Dabei wußten sie gar nicht, daß MacMoolamawn der allererste Zaunkönigssänger überhaupt gewesen war. Der Postbote stieg auf sein Fahrrad und radelte zur Stadt hinaus, die Tasche voller Briefe und den Tornister voller Stout.

Apfelwein

Wie alt ich an jenem Weihnachtstag genau war, weiß ich nicht mehr, aber ich muß mindestens siebzehn gewesen sein; denn ich war, kaum wage ich es zu sagen, geneigter Leser, dem Apfelwein sehr zugetan und glaubte töricherweise, ich könnte davon trinken, soviel ich wollte. War ich ihm auch verfallen, trank ich ihn doch nur selten und immer insgeheim. Mein Vater hatte mich zwar im Verdacht, doch er erwischte mich nie, und ich war stets klug genug, mich ins Bett zu stehlen, wenn ich beschwipst war. In heimlichen Verstecken süffelten meine Altersgefährten und ich einen weg, doch das geschah nur fünfmal im Jahr an bestimmten Feiertagen und Festen und einmal zu Weihnachten. Das muß zu dem Weihnachtsfest gewesen sein, als ich die Banshee, die Todesfee, leibhaftig erlebte.

Die Banshee hört man nur, wenn ein Mensch stirbt, dessen Familienname mit O' oder Mac beginnt. Ursprünglich gehörte unsere Sippe zu den O'Kanes, und ich glaubte felsenfest, daß dieses klagende und Schrecken einflößende Gespenst sich durch eine geringfügige Änderung in der Schreibweise unseres Namens nicht täuschen ließ.

Ich hatte die Todesfee schon öfter gehört. Abends saßen wir immer vor dem Kamin, Mutter stopfte Socken, Vater las die Tageszeitung, und wir Kinder machten uns zum Zubettgehen fertig.

»Still!« Mutter hob plötzlich die Hand und gebot absolute Ruhe. Sofort waren wir mucksmäuschenstill, lauschten gespannt und warteten auf das Unabänderliche. Man sah uns den Schrecken an, der uns geradezu lähmte. Aus weiter Ferne schien ein Klagen und Jammern zu kommen, das nicht von dieser Welt war, es klang so kläglich, daß es uns eiskalt den Rücken hinunterlief. Meine Mutter bekreuzigte sich, und wir alle, bis auf Vater, taten es ihr nach.

»Wieder eine arme Seele auf dem Weg ins große Jenseits«, flüsterte meine Mutter.

»Da jault bloß wieder mal ein liebeskranker Windhund«, erklärte Vater und schüttelte belustigt den Kopf.

Die Zeit ging dahin, und wir Kinder wurden größer. Am Monatsanfang war ich ein Meter fünfundsechzig und zwei Monate später ein Meter achtundsechzig. Ich schoß in die Höhe. Um Weihnachten herum war ich dann schon ein Meter fünfundsiebzig, und bald fehlte nicht mehr viel an eins achtzig.

Man hatte sich geeinigt, daß Vater, Mutter und die Mädels sich um halb zwölf in der Küche einfinden würden, um rechtzeitig zur Mitternachtsmesse in der Saint Mary's Kirche zu sein. Früher am Abend hatte es zur Feier des Tages Limonade und Kekse gegeben. Für das Weihnachtsmahl am ersten Feiertag hatte Vater den Truthahn ausgenommen, mit den Zutaten gefüllt und bratfertig gebändigt. Nach Erfüllung dieser Aufgabe wurde ihm weitere Haushaltsplackerei erlassen, und sofort zog er los in den nächsten Pub, wo sich seine Kumpel bereits eingenistet hatten. Seit Tagen hatte ich hartnäckig argumentiert, daß ich schon zu groß sei, um mich dem Familienausflug in die Kirche anzuschließen. Ich hatte meinen Eltern mein Alter und meine enorme Größe zu bedenken gegeben und darauf hingewiesen, daß alle meine Freunde die Erlaubnis hätten, allein zur Messe zu gehen oder mit wem sie sonst wollten.

Meine Schwestern unterstützten mich, aber Vater blieb hart. Er begründete seine Haltung damit, ihm sei zu Ohren gekommen, daß die Jugendlichen der Gemeinde sich viel stärker für Apfelwein und Porter interessierten als für die Ausübung ihrer Christenpflichten. Erst als Mutter ihn sehr nachdrücklich daran erinnerte, daß er schließlich auch mal jung gewesen sei, gab er zögernd nach.

»Na schön«, sagte er und verschränkte die Arme auf dem Rücken, »aber wenn ich erfahre, daß dir der Genuß von Apfelwein wichtiger ist als die Erfüllung deiner religiösen Pflichten, sperre ich dich vierundzwanzig Stunden in dein Zimmer ohne jedes Recht, Berufung einzulegen, und außerdem trete ich dir so in den Hintern, daß dir die Vorderzähne ausfallen.« Diese markigen Worte sind mir bis heute im Gedächtnis geblieben.

»Apfelwein!« erwiderte ich verächtlich, als wäre es das letzte, was mir in den Sinn kommen könnte.

Zwei Stunden vor Mitternacht schlüpfte ich durch die Hintertür aus dem Haus und traf mich mit meinen Freunden in Mooreys Kneipe. Eine flackernde Kerze war die einzige Lichtquelle in der winzigen Gaststube. Die Hüter des Gesetzes waren unterwegs, um Gastwirtschaften zu kontrollieren, und Moorey sprach nur im Flüsterton.

»Fröhliche Weihnacht!« sagte er und reichte mir einen Halbliterschoppen Apfelwein auf Rechnung des Wirts.

Moorey war alt wie das Gebirge, grau wie Schiefer, riß gern Zoten, gab sich grob und freigeistig, und doch war er großherzig. Kein anderer Gastwirt im Ort hätte uns alkoholische Getränke verabreicht, die hatten alle Angst vor den Eltern und den Ordnungshütern. Trotzdem war er bei meiner Mutter und den anderen Frauen in der Straße beliebt. Seine verstorbene Frau hatten sie von Jugendtagen an gekannt. Offensichtlich hatte er sie sehr geliebt und hatte sie stets auf Händen getragen. Sie war schon dreißig Jahre tot, doch geheiratet hatte er nicht wieder. Jeden Sonntag stellte er frische Blumen auf ihr Grab. Dem Apfelwein war er wie wir zugetan, nur mit dem Unterschied, daß er in seine Schoppen immer einen ordentlichen Schuß Whiskey goß, aber betrunken haben wir ihn nie gesehen. Mitunter konnte man ihm anmerken, daß er ein bißchen unsicher ging, aber das war nichts im Vergleich mit dem gewaltigen Schwanken, mit dem die scheinbar unverwüstlichsten Trunkenbolde nach Hause torkelten, wenn die Pubs spät abends schlossen.

Während wir in Ruhe ein Glas Apfelwein nach dem anderen tranken, redeten wir die meiste Zeit über die Mädchen; manchmal machten wir sie madig, und manchmal brüsteten wir uns mit unseren Eroberungen, wie es Jugendliche eben tun.

Als es auf Mitternacht zuging, hörten wir durchs Fenster die Schritte von jung und alt, die alle zur Christmette eilten. Anders als sonst bei Volksaufläufen wurde nicht gesprochen, niemand lachte, und ins Klappern der Schuhe und Stiefel mischten sich keine Rufe aus heiseren Kehlen. Es war, als hätten sich alle miteinander verständigt, während der Stunden des hohen Festes jeden unnötigen Lärm zu vermeiden, der ihnen wie Gotteslästerung vorgekommen wäre.

Zehn Minuten vor zwölf verkündete Moorey, daß es Zeit wäre zu gehen. In jeder anderen Nacht im Jahr wäre die Session erst richtig losgegangen, aber Moorey erklärte ruhig: »Diese Nacht hat was Besonderes an sich, Jungens, und da glaube ich, es wird Zeit, die Kerze zu löschen.«

Im Stockdunkeln leerten wir unsere Becher und verabredeten uns für den Abend des zweiten Feiertags. Reihum schüttelten wir Moorey beim Hinausgehen die Hand und wünschten ihm ein gesegnetes Fest. Auf der Straße begegneten uns nur noch ein paar Nachzügler.

Wir hatten unter uns schon vorher ausgemacht, nicht zur Messe zu gehen, und hatten gute Gründe dafür. Wenn uns unsere Eltern sahen, würden sie sofort merken, daß wir angetrunken waren. Auch mußte man damit rechnen, daß dem einen oder anderen von uns bei der Wärme in der Kirche und dem Weihrauchdunst so schlecht werden könnte, daß er sich übergeben müßte. Am bedrohlichsten aber war der Gedanke, daß einen von uns oder auch mehreren die übervolle Blase so drücken würde, daß es nicht länger auszuhalten war. Angesichts der gesamten Gemeinde müßte man aufstehen, sich aus seiner Kirchenbank quetschen und unter den tadelnden Blicken von Freunden, Nachbarn, Eltern und Fremden durch das lange Mittelschiff zum Ausgang gehen. Viele würden schadenfroh grinsen, denn sie ahnten, welche Not wir litten und wohin wir wollten. Und die rettende Rückwand der Sakristei war erst am anderen Ende der Kirche. Natürlich würden unsere Eltern wütend sein und den richtigen Animus haben, daß es der Apfelwein war, der uns so zusetzte, wenn wir sogar dieses Spießrutenlaufen auf uns nahmen.

Wir trennten uns, und jeder ging nach Hause ohne die

überschwenglichen Verabschiedungen, die uns bei weniger gottergebenen Gelegenheiten Spaß machten. Zu Hause in der Küche war es unheimlich still. Nur die Uhr auf dem Kaminsims, die man tagsüber gar nicht hörte, tickte penetrant. Eine durchgebrannte Torfsode krümelte lautlos in den übervollen Aschekasten des eisernen Ofens.

Mit einem Mal sehnte ich mich nach den Mädchen und meinen Eltern. Wenn die womöglich nie wiederkamen! Ich verdrängte den schrecklichen Gedanken und zählte die zwölf Glockenschläge, die die Mitternacht einläuteten. Der letzte Ton verhallte endlos lange und reichte bis an die äußerste Grenze, jenseits der die Stille lag, die nur darauf wartete, seinen absterbenden Geist aufzunehmen. Dann erklang von irgendwo hinter dem Haus ein langgezogenes leises Wimmern, das mir die Haare vorn über der Stirn in Habtachtstellung brachte. Diese Haare waren mir vertraut, so lange ich denken konnte, doch nie zuvor hatten sie sich derart benommen. Während ich darauf wartete, daß sie sich wieder legten, wie es sich gehörte, drang durch die halb geöffnete Hintertür der Küche erneut dieses Klagen. Die Haare blieben alarmiert, mein Herz raste, und ich zitterte am ganzen Leibe. Dann ließ die Spannung unvermittelt nach. Diesen neuen Zustand der Gefühle bewirkte gewiß der genossene Apfelwein im Verein mit jugendlichem Wagemut.

Das Gejammere fing wieder an, diesmal zog es sich noch länger hin und klang noch elender, als ob die Seele des Kehlkopfs, aus dem es kam, unlängst in den unergründlichen Tiefen schwärzester Verzweiflung versunken war.

Wieder hämmerte mein Herz, und zu den Haaren, die bereits senkrecht standen, gesellten sich ihre Brüder auf allen Regionen des Kopfes. Sie waren derart gesträubt, daß sie gut und gerne einem angehenden Fakir als Nagelbett hätten dienen können. Nur das Klagen der Totenfee vermochte einem Menschen die Haare derart in die Höhe zu treiben.

Jetzt spürte ich, wie mir die Knie weich wurden. Das passierte mir zum allerersten Mal in meinem Leben, ich mußte mich mit den Händen auf dem Tisch abstützen. Und gleich darauf überfielen mich hohe gedehnte Wahnsinnsschreie mit einer Lautstärke, daß ich mir die Finger in die Ohren preßte, damit mein Gehör keinen Dauerschaden erlitt. Es schien, als wäre die gespenstische Besitzerin so unirdischer Stimmorgane darauf aus, nie zuvor erreichte Tonhöhen zu erklimmen. Jedenfalls übertraf die Stimmlage bei weitem den Umfang des perfektesten Koloratursoprans. Unerwartet überschlug sich die Stimme, rutschte vom Diskant in den Baß und endete mit rhythmischem Grunzen und Stöhnen, als ob die Banshee in den Wehen läge.

Vom Apfelwein ermutigt, schlich ich mit aller Vorsicht hinaus auf den Hinterhof. Ab und zu leuchtete der Mond, achtlos vorüberziehende Wolken raubten ihm immer wieder sein bleiches Licht. Langsam arbeitete ich mich von hinten an den Schuppen heran, in dem der Wintervorrat an Torf lagerte. Ich hatte oft von der Grabesstille gehört, wenn die alten Leute ehrfürchtig von den Toten sprachen, und die Stille im Schuppen in jener unvergeßlichen Nacht war zunächst genauso. Doch war ich nicht im mindesten auf das vorbereitet, was dann passierte. Ich stand noch an der wackligen Tür und horchte angestrengt, ob sich verräterische Geräusche ausmachen ließen. Und richtig, auf der anderen Seite der Tür mußte ein Geschöpf sein, das stoßweise atmete oder, besser gesagt, keuchte. Unerwartet gingen diese Laute in ein gräßliches Gejaule über, das vollends furchteinflößend war. Während ich noch mit dem Ohr an die Tür gepreßt lauschte, erschreckte es mich wie der Knall eines explodierenden Ballons. Ich war gelähmt, die Füße schienen zentnerschwer wie Blei. Das Herz pochte, als wollte es mir den Brustkasten sprengen. Am liebsten wäre ich fortgerannt, doch die Beine versagten mir den Dienst. Ich stand wie angenagelt, so hatte mich das Entsetzen gepackt. Im stillen betete ich zur gebenedeiten Jungfrau.

»Heilige Mutter Gottes, steh mir bei in dieser Nacht«, flüsterte ich flehentlich.

Der mir angeborene Mut, so schwach er auch war, stellte sich plötzlich wieder ein, und mit großem Gebrüll riß ich die Tür auf. Das unheimliche Wesen purzelte auf mich, und beide stürzten wir in einen Torfstapel, der auseinanderbrach und sich auf dem Boden verteilte. Das Ungeheuer hörte nicht auf zu heulen und zu jammern, wand sich wie in großer Qual auf dem Boden und schlug um sich.

Mit äußerster Kraftanstrengung konnte ich mich aufrappeln. Doch kaum stand ich, da fiel ich schon wieder auf die Gestalt mit dem schwarzen Umschlagtuch aus der Geisterwelt. Ich war versehentlich auf eine Torfsode getreten, die unter meinem Fuß wegglitt und mich so zu Fall brachte. Rasch rollte ich mich zur Seite und mühte mich verzweifelt, den Klauen der scheußlichen Kreatur zu entgehen. Sie stank, daß es einem den Atem nahm.

In dem Moment drang ein Strahl des wechselhaften

Mondlichts durch die einzige Fensteröffnung des Schuppens und beleuchtete das Gesicht des fürchterlichen Gespensts, das mir gewiß die Augen auskratzen würde, bekam es mich mit seinen dreckigen Krallen zu packen.

Der Mondstrahl blieb einen Augenblick auf den blutunterlaufenen Augen haften und wanderte dann langsam zum fast zahnlosen Mund hinunter. Nur ein einziger schwarzer Hauer ragte in der leeren Höhle, Gift tropfte daraus, als das Geisterwesen vergeblich versuchte, mich zu beißen.

In höchster Not schrie ich zum Himmel um Hilfe, und der Himmel erbarmte sich meiner. Mit einem Hechtsprung rettete ich mich durchs Schuppenfenster auf den Hof, schlug aber mit dem Kopf so gegen einen Stein, daß ich halb bewußtlos liegenblieb.

Und dann stand die Hexe über mir, schäumte vor Wut und kreischte und überschüttete mich mit unbeschreiblichen Flüchen. In ihren schmutzigen Pfoten kamen ein paar kleine Knochen zum Vorschein. Die schleuderte sie mit aller Macht auf mich, doch die meisten zischten vorbei und richteten kein Unheil an. Nur einer traf mich direkt über dem Auge. Woher dieser Knochen stammte, war eindeutig. Es war ein Knochen von einem Menschenfinger, wie auch die anderen, die auf dem Hof verstreut lagen.

Es gelang mir, von ihr weg in Richtung Küchentür zu kriechen. Sonderbarerweise machte sie nicht einmal den Versuch, mir zu folgen. Wie ein weidwundes Tier schleppte ich mich auf allen Vieren in die Freistatt der Küche.

Ich verriegelte die Tür hinter mir und rannte nach oben in die Schlafstube. Ohne mich auszuziehen, warf ich mich ins Bett und zog mir die Decke über den Kopf. Da lag ich nun, zitterte und stöhnte und flehte die heilige Mutter Gottes um Beistand und Trost an.

Nach einer Weile stahl ich mich vom Bett ans Fenster, von dem ich den ganzen Hof und den Schuppen überblicken konnte. Die Szene war in gespenstisches Mondlicht getaucht, doch von der Banshee war nichts mehr zu sehen.

Ich bekreuzigte mich, legte mich wieder ins Bett und schlief sofort ein. Zweifelsohne trug der Schock, den ich während dieser nächtlichen Ereignisse erlitten hatte, dazu bei, daß ich sofort und in einen Tiefschlaf versank. Das erste, was ich wieder wahrnahm, war die Stimme meiner Mutter, die im Morgendämmer nach mir rief.

»Los, beeil dich!« hörte ich, »dann kommst du noch zur Zehn-Uhr-Messe zurecht.«

Ich lag im Bett und wünschte inständigst, ich hätte nicht so viel von Mooreys Apfelwein konsumiert. Doch dann stürzten die entsetzlichen Geschehnisse der vergangenen Nacht auf mich ein. Ich raste nach unten. Vater saß am Tischende und rauchte seine Pfeife. Er warf mir einen vernichtenden Blick zu, bevor er mit dem Verhör begann.

Er kam nicht dazu, auch nur eine einzige Frage zu stellen, so schnell platzte ich mit meiner Geschichte heraus. Von Entsetzen gepackt, griff sich meine arme Mutter an den Busen und sank auf einen Stuhl, den Vater ihr vorausschauend unterschob, damit sie nicht auf den Boden schlug. Ich schilderte meine schaurige Begegnung in allen Einzelheiten, und Mutter wurde immer blasser. Vater paffte wie wild aus seiner Pfeife. Als ich fertig war, hing eine blaue Rauchwolke unter der Decke.

»Die Banshee war's, sagst du!« Vater klopfte den Kopf seiner Pfeife am Aschenblech unseres eisernen Ofens aus.

»Gar keine Frage«, war meine Antwort, und beide warteten wir, bis Mutter aufhörte, den Kopf hin und her zu wiegen. Diese Bewegungen waren von allerfrömmsten Lobpreisungen begleitet, die sämtlich himmelwärts gerichtet wurden als Dankgebete für meine Errettung.

Mein Vater holte tief Luft; das bedeutete, daß er intensiv nachdachte. Schweigend stopfte er sich wieder die Pfeife, während ich sein Urteil erwartete. Doch es kam keines. Statt dessen stand er wortlos auf und ging auf den Hinterhof, wo er eine ganze Weile blieb. Als er zurückkam, hielt er die Hände auf dem Rücken.

»Du sagst also«, fing er an, »daß die Knochen, mit denen sie dich beworfen hat, Fingerknochen waren!«

»Ja, so war's«, erwiderte ich unumwunden.

»Finger einer Menschenhand?«

»Ja.«

Er brachte seine rechte Hand nach vorn und warf eine Faust voll Knöchelchen auf den Tisch.

»Das sind genau die Knochen, die bis eben auf dem Hof herumlagen«, verkündete er feierlich. »Kannst du bestätigen, daß dies die Knochen sind, die dir die Banshee gestern nacht ins Gesicht geschleudert hat?«

»Ja, gewiß doch«, erwiderte ich.

Vorsichtig befühlte ich die Knochen, an denen noch Gewebe- und Fleischreste hingen. Sie waren deutlich abgenagt.

»Und du behauptest, sie entstammen einer Menschenhand?« Vater stieg jetzt in seine Rolle als Ankläger ein. Wir alle wußten, daß er sich gern als Staatsanwalt aufspielte. Bei jeder häuslichen Untersuchung einer Missetat war er von Anfang an dabei, stolzierte in der Küche mit auf dem Rücken verschränkten Händen umher, nahm sie ab und an auseinander und faltete sie auf seinem Bierbauch, während er sich Beschuldigungen und Plädoyers anhörte.

Mitunter schloß er die Augen, wenn er einen Zeugen der Gegenpartei ins Verhör nahm. Er konnte aber auch längere Zeit stumm dastehen und den Angeklagten unverwandt ansehen, meistens war ich das. Bei den Mädchen wirkte seine Taktik fast immer; rasch gestanden sie alles, bloß um von dem durchbohrenden Blick loszukommen. Zugegeben, allen in der Familie machten solche Gerichtsverhandlungen Spaß, denn am Ende wurde jeder, bis auf den armen Erzähler, freigesprochen und entlastet. Wenn ich für schuldig befunden wurde, lautete das Strafmaß auf Stubenarrest und konnte von einer Stunde bis höchstens vier Stunden verschärft werden, allerdings stand die Drohung eines Urteils von vierundzwanzig Stunden Arrest immer im Raum.

»Euer Ehren!« wandte er sich unerwartet an meine Mutter, die ihre Fassung so weit wiedergewonnen hatte, um ihre überraschende Beförderung ins Richteramt zu begreifen. »Diese Knochen, die Ihr vor Euch seht, und die der Angeklagte für menschliche Fingerknochen hält, sind das mitnichten. Es sind vielmehr Knochen von einer Schweinshachse, oder genauer gesagt von einem Spitzbein, wie man diese Extremität in der Anatomie des Schweins wohl auch nennt.«

Mutter erhob sich, um die Beweismittel in Augenschein zu nehmen, nickte zustimmend und setzte sich wieder.

»Der Angeklagte ist nicht nur ein pathologischer Lügner«, setzte mein Vater hinzu, »sondern obendrein ein abgefeimter Schurke.«

»Fahren Sie bitte fort,« sagte meine Mutter nur.

»Angeklagter, ist Ihnen die Existenz einer Frau bekannt, die man Madgeen Buggerworth nennt?«

»Und ob! Die kennt doch jeder«, rief ich lachend.

»Wahren Sie die Würde des Gerichts«, warnte mein Vater, »sonst werden Sie wegen Mißachtung desselben bestraft.«

Ergeben senkte ich den Kopf und versuchte zerknirscht auszusehen. Das war keineswegs einfach, denn man brauchte nur den Namen Madgeen Buggerworth zu erwähnen, und alles prustete los. Sie war eine stadtbekannte Bettlerin, und oft genug hieß es, daß sie keinen Atemzug nüchtern war. Wenn ich es mir genau überlege, habe ich sie auch nie nüchtern gesehen.

Madgeen war ein schrecklicher Zankteufel. Ihr Mann war gestorben, nachdem er ihr den letzten Sproß ihrer dreizehnköpfigen Familie im Mutterleib hinterlassen hatte. Kaum waren die Sprößlinge flügge, machten sie sich auf und davon in ferne Länder und ließen sich nie wieder blicken, wofür man sie kaum tadeln konnte, denn all die Jahre hatte sie unaufhörlich mit ihnen herumgeschimpft und sie verprügelt.

Ihre beliebteste Pose war, sich mitten auf die Straße zu stellen, die Beine zu spreizen und das schwarze Tuch abzuwerfen, das wahrlich jede Menge Sünden deckte. Dann schlug sie ihre Röcke hoch und zeigte der Welt ihre nackte Leibesmitte. Besoffen, wie sie war, tippte sie mit dem rechten Zeigefinger auf ihren Nabel und prahlte: »Da seht mal, da habt ihr 'n Bauch, da is nie nich 'n Bastard drin gewesen!« Und das schrie sie ganz laut, damit es jeder hören sollte.

Mit gehobenen Röcken lärmte und tobte sie so lange herum, bis Polizisten kamen und sie nach Hause bugsierten. Mitunter lag sie auch in einer Seitengasse mit dem Rücken an eine Mauer gelehnt, schlief tief und fest und schnarchte, was das Zeug hielt. Wenn sie richtig betrunken war, konnte sie überall schlafen, dann störte sie nicht einmal Regen und Wind. Oder man begegnete ihr spät nachts, wenn sie von einer Toreinfahrt zur anderen torkelte und lauthals Lieder sang, sofern man ihr Gegröle singen nennen konnte.

»Wenn es dem hohen Gericht beliebt, möchte ich Euer Ehren und den Angeklagten auffordern, mir nach draußen in den Schuppen zu folgen, wo ich den unwiderlegbaren Beweis erbringen werde, daß dieser Mann«, und dabei wies Vater mit dem Finger auf mich, »nach dem Genuß von Apfelwein seiner Sinne so beraubt war, daß er unsere Freundin Madgeen Buggerworth für die Todesfee hielt.«

Er schritt voran in den Hof und hin zum Schuppen, wo uns tiefes Schnarchen begrüßte, hin und wieder unterbrochen von Rülpsen und Schniefen. Auf der Erde, halb von Torfsoden bedeckt, fanden wir Madgeen Buggerworth, neben ihr lag ein noch nicht benagter Schweinefuß.

»Soll sie erst mal schlafen«, ordnete Vater an, »und später«, dabei zeigte er auf mich, »wirst du sie mit Mittagessen versorgen und nach Hause schaffen.«

Ich hoffte, daß das sein letztes Wort und damit die Sache erledigt war. Aber es kam anders.

»Laßt uns in die Küche zurückkehren«, sprach er feierlich, »wo dir dein Urteil verkündet wird. Du tätest gut daran, in der Zwischenzeit zu beten und um Gnade zu flehen.«

Dort angekommen entband er in aller Form Mutter von ihren Richterpflichten, da sie wegen ihrer dem Amte wohlbekannten Zuneigung zu dem Angeklagten als befangen gelte und demzufolge nicht imstande wäre, ein gerechtes Urteil zu fällen.

Ich stand mit dem Rücken zum Ofen und erwartete den Spruch des hohen Gerichts. Vater stand im Türrahmen, die Hände auf dem Rücken. Mutter saß in einer Zuschauerecke.

»Ich spreche dich hochgradiger Trunkenheit schuldig«, ließ er verlauten, »und verurteile dich zu vierundzwanzig Stunden Einzelhaft auf deinem Zimmer.«

Ich war entgeistert! Das war die härteste Strafe, die er jemals ausgeteilt hatte, und ich würde zerknirscht erklären müssen, daß ich nichts anderes erwartet hätte. Aber er räusperte sich und fuhr feierlich fort:

»Jedoch sind mildernde Umstände zu bedenken. Heute begehen wir den Geburtstag eines großen und gütigen Mannes, der vor Zeiten ungerecht beschuldigt, verurteilt und daraufhin gekreuzigt wurde. Als ein kleines Zeichen der Sühne für diese beklagenswerte Rechtsbeugung hebe ich hiermit das gefällte Urteil auf. Du darfst demzufolge diesen Gerichtssaal als freier Mann verlassen.«

Auf dem Heimweg von der Messe kam er mir auf der Straße entgegen. Das Wetter war umgeschlagen, der Tag war ungewöhnlich mild geworden.

»Komm, gehen wir noch ein Stück spazieren vor dem Essen«, schlug er mir vor.

Wir gingen zum Fluß hinunter, der reichlich Wasser führte. Er erzählte von früheren Weihnachtstagen, von seinem Vater und Großvater und von den großen fettstrotzenden Gänsen, die eigens im Stall als Weihnachtsbraten gemästet wurden. Vom Whiskeytrinken erzählte er, von seinen Großonkeln, vom Kurrendesingen und den harmlosen Streichen seiner Jugendzeit. Wir wanderten durch den Eichenhain, freuten uns am eifrigen Gesang der Vögel, die trotz des bedeckten Himmels und der blattlosen Bäume und Hecken unermüdlich tirilierten.

In die Stadt gelangten wir vom ganz entgegengesetzten Ende und mußten deshalb die breite Hauptstraße, die Church Street, hinaufgehen. Schließlich bogen wir in eine Seitengasse ab und standen unversehens vor der Hintertür von Mooreys Lokal. Ich war nicht wenig erstaunt, daß Vater das Sesam-öffne-dich dieser verborgenen Pforte kannte. Zweimal klopfen und Pause, nochmal zwei Klopfzeichen und Pause, und schließlich dreimal pochen. Nach einigem Warten ging die Tür auf, und Moorey war die Überraschung deutlich anzusehen.

»Lange nicht hier gewesen, Meister!« sagte er mit einem Grinsen.

Er ließ uns hinein, und wir setzten uns auf die Barhocker an der Theke.

»Was meinst du, Moorey, verträgt der Mann hier bereits mehr als Apfelwein?« fragte Vater.

Moorey überlegte eine Weile und meinte dann: »Na ja, ich glaub schon.«

»Also dann zapf uns mal zwei Halbe Stout, damit wir Appetit auf den Festtagsbraten kriegen«, sagte Vater und legte mir die Hand auf die Schulter.

Lang, lang ist's her

Lang, lang ist's her, da wohnte in unserer Straße eine alte Frau. Sie hatte einen einzigen Sohn, und der hieß Jack. Der Junge war noch klein, als sein Vater starb, und Jacks Mutter mußte arbeiten gehen, um ihn und sich selbst durchzubringen.

Jack wurde älter, und sie ging immer noch arbeiten, denn der Sohn hielt nichts von Arbeit. Die Leute in der Straße meinten, Jack tauge nur für drei Dinge – fürs Essen, fürs Rauchen und fürs Trinken. Doch eins mußte man ihm zugestehen, nie schlug er seine Mutter, und nie belegte er sie mit Schimpfworten. Aber als sie zu alt war, um arbeiten zu gehen, haute er einfach ab nach England. Die Jahre gingen dahin, und nie bekam sie auch nur eine einzige Zeile von ihrem Sohn. Jedes Jahr zur Weihnacht sah man sie am Fenster stehen und sehnsüchtig auf einen Kartengruß oder einen Brief warten. Sie wartete vergeblich.

Wenn die Weihnachtszeit in unserer Straße Einzug hielt, geschah das mit frohem Lachen und viel Humor; alte Wunden heilten, und bei jung und alt schlugen die Herzen höher. Käme die Weihnachtszeit als Person zu uns, würde ich sie mir so vorstellen: ein vor Gesundheit strotzender Mann in den Sechzigern, das Gesicht rosig und rundlich und mit langen Koteletten. Er hätte Schuhe und Gamaschen an und einen hellen Tweedanzug. Und ein bißchen beschwipst wäre er auch. Seine Taschen steckten voller Silbermünzen für die kleinen Jungen und Mädchen, für die Älteren aber würde er sich eine Party einfallen lassen. Man würde ihm einen Ehrenplatz einräumen, und da säße er dann wohlwollend da mit seinem in eine Weste gezwängten Wanst und den Hintern am lodernden Kaminfeuer wärmend.

Jeder bekäme heißen Punsch, und es gäbe Gänse- und Entenbraten; das herrlich goldbraune Geflügel wäre in großen Schüsseln angerichtet, und die verlockende Kartoffelfüllung, die schon aus den Nähten quoll, ließe allen das Wasser im Munde zusammenlaufen. Man würde singen und Geschichten erzählen, man würde lachen und vielleicht auch mal eine Träne wegwischen, wenn man auf Freunde in der Ferne anstieß. Jeder bekäme ein Geschenk, und es herrschte Friede und Wohlgefallen, wenn sich die Nachbarn in die Arme fielen und sich versprachen, für einander da zu sein in allen zwölf Monaten des kommenden Jahres.

Aber Weihnachten ist eine festliche Zeit und keine Person. Ein Mensch kann Dinge tun, Dinge verändern, neue Dinge schaffen, während all unsere Feste lediglich das sind, was wir aus ihnen machen. Deshalb wartete Jacks Mutter Weihnacht um Weihnacht auf ein Lebenszeichen von ihrem sich sonstwo umhertreibenden Sohn. In anderen Häusern wurden dicke eingeschriebene Umschläge abgegeben, Briefe von den Lieben weit weg, die an daheim dachten. Da gab es zerknitterte, fette Umschläge aus Amerika, aus denen schöne, rechteckige Schecks oder funkelnagelneue Dollars purzelten, die Herz und Augen erfreuten. Da gab es Päckchen und Pakete aller Art und Größe, so daß jedes Haus zum Warenlager wurde, bis der große Tag kam und es ans Bescheren ging.

Nun wohnte aber in unserer Straße ein Postbote, der die Bewohner weit besser kannte als sie sich selbst. Wenn Weihnachten nahte, trug er schwer unter der Last von Briefen und Päckchen. Die Leute erwarteten ihn wie Kinder den Bischof am Tage der heiligen Kommunion. Er war einem Trost spendenden Tropfen nicht abgeneigt. Aber ob Tröster oder nicht, für die Nöte anderer hatte der Mann stets ein offenes Ohr. Er war erfüllt vom Geist des Weihnachtsfestes. Kam er an das Haus der alten Frau, kroch er auf allen Vieren unter den Fenstern vorbei. Er brachte es einfach nicht über sich, vorüberzugehen und von ihr gesehen zu werden. Er mochte andere, besonders alte Menschen, nicht enttäuschen. Die ganze Woche vor Weihnachten stand sie hinter den verschossenen Gardinen und wartete auf den Brief, der nie kam.

Dann konnte es der Postbote nicht länger mit ansehen. Heiligabend lieferte er bei uns eine ganze Ladung Karten und Briefe ab. Einige kamen aus England. Er fragte, ob er einen der Umschläge haben könnte, wenn sie dann leer waren. Er beschriftete das Kuvert neu mit Namen und Adresse, vergaß auch nicht, einen kurzen Gruß hineinzulegen, den er mit »Dein Dich liebender Sohn Jack« unterschrieb. Zu guter Letzt zog er einen Zehn-Schilling-Schein aus seiner Tasche, ein beträchtliches Stück Geld für die damalige Zeit, und steckte ihn in den Umschlag. Daß der alten Frau die Handschrift auffallen würde, war nicht zu befürchten, denn wenn auch Jack bei manchen Dingen etwas leistete – und die habe ich eingangs erwähnt –, so war er bei allem anderen ein Versager, und das galt auch fürs Schreiben. Jack konnte nicht einmal seinen eigenen Namen zu Papier bringen. Am Haus der alten Frau angelangt, klopfte der Postbote laut an die Tür. Sie öffnete, und in dienstlichem Ton verlangte er von ihr: »Unterschreiben Sie hier bitte.«

Die alte Frau unterzeichnete wie geheißen und machte den Umschlag auf. Tränen traten ihr in die Augen und laut rief sie: »Mein Gott, mein Jack ist ein Studierter!«

»Wohl wahr«, bestätigte der Postbote. »Er mußte eben erst lesen und schreiben lernen, ehe er sich melden konnte.«

»Ich hab ja immer gesagt, daß was Gutes in ihm steckt«, sagte sie. »Hab's die ganze Zeit gewußt.«

»In jedem steckt ein guter Kern«, nickte der Postbote und zog weiter. Rasch sprach sich die Geschichte in der Straße herum, und schon mit der nächsten Post und bis zum Ende der Weihnachtszeit traf bei der alten Frau Päckchen um Päckchen ein. Vermutlich war es für alle Anwohner die schönste Weihnacht, die sie je erlebten.

Gewissensqualen

Die Mickelow-Zwillinge, Patcheen und Pius, glichen sich wie ein Ei dem anderen. Sie waren von ebenmäßiger Statur, robust und rundlich, und brachten es ohne Schuhe mit Müh und Not auf ein Meter sechzig.

«Nach Arbeit reißen sich die beiden nicht gerade«, vertraute Kanonikus Mulgrave seinem neuen Kaplan an, »aber drücken tun sie sich auch nicht davor. Tagediebe würde ich sie nicht nennen.«

»Könnte man vielleicht sagen, sie sind bequem und unbekümmert von Natur?« äußerte sich der Kaplan ehrerbietig.

»Ja«, räumte der Kanonikus nach einigem Nachdenken ein, »bequem und unbekümmert, das trifft es ziemlich genau.«

Meistens verdingten sich die Zwillinge als Tagelöhner bei den Landwirten der Umgebung und erhielten ihren Lohn nach den jeweils üblichen Sätzen am Ende des Arbeitstages. Diese Einkünfte waren gewiß bescheiden, wurden aber nie offengelegt, und hinzu kam die wöchentliche Arbeitslosenunterstützung, die der Staat das ganze Jahr über zahlte.

Gemessen am Durchschnittseinkommen in der Gemeinde, lebten die Mickelows in gesicherten Verhältnissen. Sie konnten sich sogar eine Kuh halten. Die versorgte sie mit Milch und folglich auch ausreichend mit Butter für ihren eigenen Bedarf.

Die Kuh weidete fast das ganze Frühjahr, den Sommer und den Herbst über auf den anderthalb Morgen gleich hinter dem Haus der Mickelows. Im Winter wurde sie auf das Gemeindeland getrieben, und wenn das Wetter extrem schlimm war, mußte sie im Stall mit gekürzter Futterration auskommen. Auf dem Gemeindeland, das sich in diesem Fall zu beiden Seiten des Hauses bis zur Landstraße erstreckte, überwachte einer der Brüder ihre Suche nach Gras. Immer bestand die Gefahr, daß sie sich in ihrem Eifer, besonders saftige Büschel zu erreichen, übernahm, sich zu weit vorwagte, das Gleichgewicht verlor und in einen der Entwässerungsgräben neben der Straße stürzte, in denen im Januar und Februar gewöhnlich Wasser stand. In besonderen Gefahrenzonen wurde sie auch angepflockt, denn zu gern strebte sie zu den Grasrändern unter den kahlen Hecken an der engen Straße.

Unbehelligt von Zank und Streit oder Not erfreuten sich die Zwillinge in vieler Hinsicht eines idyllischen Lebens. Ein kleiner Garten, den eine Reihe dicht gepflanzter Sitkafichten gegen den Wind abschirmte, lieferte ihnen Kartoffeln und anspruchsloseres Gemüse wie Rüben und Kohl. Ein Hühnerverschlag hing in der Küche über dem Vordereingang, und an der Hauswand neben der Hintertür gab es einen richtigen Hühnerstall. Der hielt zahllosen Einbruchsversuchen von Fuchs und Fischotter erfolgreich stand. So hatten die Brüder fast das ganze Jahr hindurch einen Überschuß an Eiern, und den konnten sie gegen Nahrungsmittel eintauschen, wenn der Eieraufkäufer einmal in der Woche seine Runde machte. Gutmütig und friedfertig, wie die Zwillinge von Natur aus waren, erlebte man sie selten unterschiedlicher Meinung. Gegenüber Fremden drängten sie sich nicht in den Vordergrund, verhielten sich eher zurückhaltend, es sei denn, sie wurden in eine Unterhaltung hineingezogen. Selbst unter guten Bekannten begannen sie nie von sich aus ein Gespräch.

Brennmaterial für ihren Kamin fand sich in Hülle und Fülle im Torfmoor in der Nähe, wo sie seit eh und je das Recht hatten, Torf zu stechen. Ihre Soden waren von vorzüglicher Qualität, und einen Stapel behielten sie stets bis zur Woche vor Weihnachten zurück, den sie dann an einen ortsansässigen Zwischenhändler losschlugen, der Torf fuhrenweise an Kunden in der nächsten Stadt verkaufte.

Am Freitagabend und am Sonntagabend machten sich die beiden Unzertrennlichen auf den Weg zum Pub, der etwa zwei Kilometer entfernt von ihrem schilfgedeckten Heim an der Wegkreuzung stand. Um neun trafen sie dort ein und blieben bis zwölf. Vier halbe Liter Stout war das Maß, das sie sich gönnten. Rauchen und Spielen kam für sie nicht in Frage. Weiblichen Wesen machten sie nie den Hof, und Hurerei konnte man ihnen schon gar nicht nachsagen. Sie fuhren auch nie in die nächste Stadt, die nur knapp fünfundzwanzig Kilometer entfernt in einem ausgedehnten, fruchtbaren Tal lag und über Feldwege und Asphaltstraßen ohne große Mühe zu erreichen war. Infolge dieses Lebenswandels fehlte es ihnen nicht an dem nötigen Kleingeld, um sich die Besuche im besagten Pub an der Wegkreuzung zu leisten; nur mußten sie sich an die Beschränkungen halten, die sie sich selbst auferlegt hatten, und dazu ermahnten sie einander oft. Zu diesen Beschränkungen gehörte zum Beispiel, daß sie stets unter sich blieben und sich nicht mit anderen Gästen einließen. Freilich, wenn es der Zufall wollte, daß ihnen ein betrunkener oder sonstwie großzügiger Wohltäter einen Drink spendierte, waren sie so frei, ihn anzunehmen, vorausgesetzt, niemand erwartete, daß sie sich revanchierten.

Im Sommer, wenn die nach Amerika und England Ausgewanderten auf Urlaub kamen, ging es besonders spendabel zu. Bier und Whiskey flossen in Strömen, und man hatte am nächsten Morgen einen ganz schönen Kater, das war aber auch alles. Für die Mickelow-Zwillinge hieß das, trinken, ohne in die eigene Tasche greifen zu müssen.

Besonders die aus England Gekommenen schmissen bedenkenlos Lagen, bis ihr schwer verdientes Geld weg war und ihnen nichts weiter übrig blieb, als auf die Baustellen zurückzugehen, wo sie jede Menge Überstunden gemacht hatten, um sich den Urlaub in der alten Heimat leisten zu können. Aber das muß man ihnen lassen, niemals trauerten sie ihren verschwundenen Kröten nach und erwarteten auch nicht, daß andere sie nach ihrem Anfall von Verschwendungssucht freihielten. Sie schienen sich damit abzufinden, ja, sogar eine Art Befriedigung darin zu finden, daß ihre Taschen leer waren.

In solchen Situationen waren die Zwillinge oft versucht, ihren Wohltätern, die nun bis auf eine Rückfahrkarte nichts mehr besaßen, ein Bier zu bestellen. Doch nachdem sie das Für und Wider erwogen hatten, besannen sie sich eines Besseren und fügten sich der vorherrschenden Ansicht, daß solche Freundlichkeit fehl am Platze sei und nur dazu führte, die Abreise des im Exil lebenden Landsmanns entwürdigend hinauszuschieben.

Es war schon vorgekommen, wie sie sich erinnerten, daß infolge nicht nur eines, sondern mehrerer Akte fehlgeleiteter Barmherzigkeit so ein leichtsinniger Bursche einfach dageblieben war. Binnen einer Woche sah man in ihm nur noch die Spottgestalt des sorglosen Urlaubers, der erst vor kurzem mit großer Geste hereinspaziert kam. Am Ende wurde er zu seinem eigenen Besten von allen geschnitten, so daß er – viel zu lange nach der ihm zugestandenen Zeit – den Schauplatz verließ als ein elender und erbärmlicher Ausgestoßener, ein Opfer schlecht bedachter Menschenfreundlichkeit.

»Schwimm niemals gegen den Strom, Junge«, hatte Pius Mickelow seinen Bruder damals gewarnt. Und Patcheen hatte an der anderen Seite des Kamins eifrig dazu genickt, weil auch er voll und ganz dieser Meinung war.

Dann kam ein besonders harter Winter mit Eis und Schnee und gewaltig wütenden Stürmen, ein Winter, der unerbittlicher als sonst seinen Zoll von den Geschwächten und Alten forderte. Die Zwillinge trösteten sich damit, daß es eben von Zeit zu Zeit solche Winter gab, Winter, die erbarmungslos waren und denen manch einer nichts entgegenzusetzen hatte.

So verstarben denn auch etliche alte Leute, bevor noch der Schnee auf den Hügelkuppen schmolz. Darunter war ein Nachbar der Mickelows, ein verwitweter fünfundachtzig Jahre alter Pächter, ein gewisser Daniel Doody. Den hatte seine fünfundvierzigjährige Tochter in den letzten Wochen seiner Krankheit aufopferungsvoll umsorgt. Sie hatte ihre Stellung als Haushaltshilfe in der weit entfernten Stadt Cork aufgegeben und war heimgekehrt, um den hinfälligen Vater zu pflegen.

Er hatte seine Leiden tapfer ertragen, und alle waren sich einig, daß Kitty, sein einziges Kind, wie ein hilfreicher Engel um ihn war.

Tag und Nacht versorgte sie ihn, brachte ihn mit kleinen Leckerbissen, die sie voller Liebe und Hingabe bereitete, dazu, sich im Bett aufzurichten, das schließlich sein Totenbett wurde.

Als er dann in ihrem Beisein verschied, war jeder im weiten Umkreis voller Mitgefühl für sie, doch die Anteilnahme der Zwillinge war besonders groß. Ohne sich aufzudrängen, hatten sie sich die ganze Zeit über bereitgehalten, während der alte Mann sich endlos an das zu klammern versuchte, das uns allen nur für eine kurze Frist gegeben ist.

Patcheen Mickelow in Sonderheit war oft zutiefst gerührt, wenn er sah, wie Kitty Doody auf Zehenspitzen und ohne zu klagen hin und her lief. Über ihre Stellung in der Stadt Cork oder wie sie dort gelebt hatte, bewahrte sie Stillschweigen. Gerüchteweise hieß es, sie sei einmal mit einem Soldaten gegangen, doch der hätte sie nach Jahren fruchtlosen Werbens wegen einer anderen verlassen. Man wollte auch wissen, daß sie Köchin in einem Konvent gewesen war, dann aber die Stellung als Haushälterin bei einem älteren Schulmeister angenommen hatte. Eine weit größere Menge versteifte sich darauf, daß sie die Dreckarbeit in einem übelbeleumdeten Etablissement verrichtet hatte. Auch andere, noch phantasiereichere Geschichten waren im Umlauf, doch wie alles müßige Geschwätz wurden sie rasch von neuen Begebenheiten verdrängt.

Kaum hatte der Vater in jener schicksalhaften Nacht den letzten Atemzug getan, da suchte Kitty Doody ratlos Zuflucht bei den beiden Mickelows, die sie schon am Abend zu sich ins Haus geholt hatte, als sie spürte, daß es mit dem Kranken zu Ende ging. Bereits am Tage zuvor hatte Kanonikus Mulgrave ihm die Letzte Ölung erteilt. Der ältere Pfarrherr hatte Kitty Doody nahegelegt, auf das Schlimmste gefaßt zu sein, und hatte ihr mit trostreichen Worten versichert, daß ihr Vater gewiß in den Himmel käme. Ein schwacher Aufschrei, dem ein ersticktes Röcheln folgte, ging dem Ableben des Hochbetagten voraus.

»Ich gehe und vermelde es dem Priester«, hatte Patcheen Mickelow in feierlichem Ton verkündet.

»Und ich gehe und sage den Nachbarn Bescheid«, hatte sich Pius Mickelow erboten.

Während der Totenwache, die es dann zu halten galt, wirkten die Mickelow-Zwillinge als Obermundschenk und Zeremonienmeister, denn nahe Verwandte gab es nicht. Sie teilten Wein, Whiskey und Stout aus, und sie polierten die Halter für die Totenkerzen und brachten sie auf Hochglanz. Sie füllten auch die traditionell auf den Kaminsims, den Tisch und in die Nischen gestellten Untertassen mit Schnupftabak auf – und das die ganze Nacht hindurch bis zum frühen Morgen.

Bei der Leichenwache trank Pius Mickelow reichlich viel, hütete sich aber, die Schwelle zu übertreten, hinter der sinnlose Trunkenheit lauerte. Patcheen dagegen ließ nicht einen Tropfen Alkohol über seine Lippen kommen.

Später, als die ganze Feierei vorüber war, genehmigte sich auch Patcheen etliche Gläschen, doch war er seinem Vorsatz treu geblieben, den absolut Zuverlässigen abzugeben, während alle übrigen dem alten Brauch huldigten. Er war überhaupt der resolutere von den Zwillingen. So hatte er vor vielen Jahren entschieden, daß die Stadt für sie tabu war, nachdem Pius eines Abends ohne jeden

Anlaß von einer schlagringbewehrten Faust im Gesicht getroffen worden war. Die Schufte, mit denen Pius es auf der Toilette zu tun bekommen hatte, waren Wildfremde gewesen. Daraus hatte Patcheen mit Recht geschlußfolgert, daß man seinen Bruder nur niedergeschlagen hatte, weil er von kleinwüchsiger Statur und sanftmütigem Wesen war. Stumm hatte er es über sich ergehen lassen, doch die Taschen hatten sie ihm nicht geleert.

»Er gehört eben zu den Leuten«, hatte Patcheen dem Gastwirt gesagt, bei dem sich der Überfall ereignet hatte, »die bloß deshalb in Schwierigkeiten geraten, weil Gott sie so und nicht anders gemacht hat.«

Er pries sich glücklich, daß er nie die Bekanntschaft mit den rohen Fäusten der vielen betrunkenen Kerle gemacht hatte, die in ganzen Horden im Dunkeln in den großen Städten umherziehen und ihre Opfer jagen.

Pius war sofort einverstanden, als Patcheen vorschlug, hinfort nur vertraute Gefilde aufzusuchen, wo man sie kannte und respektierte.

Nach Daniel Doodys Begräbnis hielten es die Mickelows für angemessen, sich erst wieder im Hause Doody sehen zu lassen, wenn man sie einlud. Es war gut und richtig, meinten sie, daß sie sich der Nachbarin zur Verfügung gestellt hatten, als es mit dem alten Herrn zu Ende ging, doch nun würde es sich nicht gehören, sie einfach so zu besuchen.

Das Frühjahr war weit vorangeschritten, und die wilden Osterglocken waren verblüht und abgetrocknet, als endlich eine solche Einladung ausgesprochen wurde. Zwischendurch waren sie Kitty immer mal auf dem Feldweg begegnet, und sonntags nach der Messe hatte man sich respektvoll zugenickt. Gelegentlich wechselte man auch ein paar Worte, doch dabei ging es meist nur um das Wetter, wenngleich Patcheen argwöhnte, daß Kitty Doody nichts gegen einen ausführlicheren Gedankenaustausch gehabt hätte. Er hielt sich voll und ganz an das von der Konvention diktierte Rollenspiel und glaubte sich schon reich belohnt, als sie am letzten Tag im April eingeladen wurden. Pius, der so seine Hintergedanken hatte, freute sich auch gewaltig. Beiden war klar, daß die Einladung wohl etwas mit dem Stechen und Einbringen des Torfs für den nächsten Winter zu tun haben würde.

In den letzten Jahren vor seinem Tod, als seine Kräfte schwanden, hatte Daniel Doody sie angeheuert, um für ihn Torf zu stechen, die Soden aufzustellen und das getrocknete Gut auf ihrem uralten, aber immer noch brauchbaren Eselskarren heimzuschaffen. Das Einfahren dauerte meist nicht einmal eine Woche, und dann war Daniel Doodys Schuppen bis zu den Dachsparren gefüllt.

Als sie nun vor der Tür standen, wurden sie von der einzigen Bewohnerin des Hauses Doody herzlich aufgefordert hereinzukommen. Die strahlende Kitty, die sah, wie unbeholfen und befangen sie waren, setzte sie an den Kamin und drückte jedem eine gerade erst geöffnete Flasche Stout in die Hand.

Zufrieden stellten die Mickelows fest, daß das Bier frisch und von bester Qualität war. Sie hätten sich ebenso gut mit Stout bewirten lassen, das vom Leichenschmaus übrig geblieben war, aber so etwas gab es bei Kitty nicht, wie sie nachher immer wieder betonten.

Sie saß am großen Eichentisch, die Männer tranken aus ihren Flaschen, man redete über dies und das. Alles mögliche stand zur Diskussion, nur nicht das Thema, weswegen sie hier waren. Das würde zu gegebener Zeit zur Sprache kommen. Es hätte alle Regeln des Anstands verletzt, gleich mit der Tür ins Haus zu fallen.

Als die zweite Flasche Stout geleert war und der übliche Gesprächsstoff erschöpft schien, erwähnte Kitty zum ersten Mal den Torf.

»Ich mach' mir Gedanken«, sagte sie und ließ den Blick ihrer blauen Augen traurig durch die Küche wandern, weiter zum Kamin und zu den Zwillingen, »wie es im nächsten Winter mit dem Heizen werden soll.«

»Geht es um den Torf? Um den Torf brauchst du dir keine Gedanken zu machen.« Patcheen sprach für sie beide.

»Doch, der läßt mir keine Ruhe«, meinte Kitty Doody.

»Also Torf soll deine geringste Sorge sein«, versicherte ihr Patcheen Mickelow.

»Wirklich deine allerletzte Sorge«, warf sein Bruder Pius ein, damit auch ja kein Zweifel blieb.

»Den Torf stechen wir ihr, was Junge?« Damit wandte sich Patcheen an Pius und wußte im voraus, was der antworten würde. Oft genug hatten sie während der langen Winterabende über die Sache geredet.

»Soll ja kein anderer wagen, den Torf für sie zu stechen«, hatte Pius mit ungewohnter Heftigkeit mehr zu sich geflüstert. Und dann sprudelte es nur so aus ihm heraus, und er schilderte, wie sie zu Werke gehen würden.

»Wir tragen zuerst die Grasnarbe ab«, sagte er, »und dann heben wir den Torf aus und setzen ihn ab. Wenn die Soden oben nicht mehr naß sind, wenden wir sie, und später schichten wir sie zu Stapeln auf, gerade so hoch, daß einer eine Eselsfuhre ausmacht. Und im September, wenn alles hübsch trocken ist, füllen wir dir den Schuppen bis zu den Dachsparren.«

»Genau so und nicht anders machen wir's«, pflichtete ihm Patcheen aus tiefster Überzeugung bei. Schon wollte er weitere Versicherungen abgeben, doch Pius hatte noch nicht geendet.

»Und berechnen tun wir dir dafür keinen Heller«, fügte er hastig hinzu, als könnten ihm plötzlich die Worte fehlen, »wäre ja noch schöner. Ist doch klar, daß wir eine Nachbarin nicht im Stich lassen.«

»Nein, das kommt nicht in Frage!« Kitty Doody gab sich Mühe, nicht halbherzig zu klingen. »Das kommt ganz und gar nicht in Frage, denn ein Arbeiter ist seines Lohnes wert, steht schon in der Bibel.«

»Für diese Arbeiter hier, für meinen Bruder und mich, gilt das nicht«, fiel ihr Patcheen ins Wort. »Diese Arbeiter tun das rein aus der Güte ihres Herzens heraus, also reden wir nicht mehr von Geld und Lohn.«

Erleichtert, daß ein so wackeres Paar sich ihrer Sorgen annahm, stand sie vom Tisch auf und wischte sich mit einem Zipfel ihrer Schürze eine Träne aus dem Auge. Zart besaitet, wie ihre Besucher waren, wandten sie den Kopf und betrachteten angelegentlich den glitzernden Ruß an der Rückseite des Kamins.

»Kommt rüber an den Tisch«, forderte sie Kitty mit fester Stimme auf, der nichts mehr von Beklemmung oder Kümmernis anzumerken war. »Ich tu Fett auf die Pfanne, und zum Abendbrot gibt's Eierkuchen.«

Das war im April. Danach kamen die Zwillinge den Sommer über regelmäßig vorbei und berichteten, wie sie mit der Torfernte vorankamen. Bei jedem ihrer Besuche gab es frische Eierkuchen, und an einem wunderschönen

Tag mitten im Juni machte sich Kitty Doody auf den Weg ins Moor, um sich selbst davon zu überzeugen, wieviel ihre Helden schon geschafft hatten und um sie dann zum Abendbrot einzuladen.

Die Sonne schien von einem wolkenlosen Himmel, und über der weiten Moorlandschaft schmetterten die Lerchen ihr Lied und wurden noch sangesfreudiger, als die Sonne den Zenit des Himmels verließ und sich sachte dem Horizont zuneigte.

»An einem Tag wie diesem leiht Gott seine Stimme den Lerchen«, deklamierte Patcheen Mickelow mit ehrfurchtsvoller Stimme, »und die Lerchen berichten uns von Gott.«

»Oh, wie wahr, Bruder, wohl gesprochen hast du!« Pius schlug als frommer Gläubiger das Kreuz und wandte sich an Kitty, aus deren blitzenden blauen Augen Lob für die himmlischen Empfindungen strahlte, die Patcheen zum Ausdruck gebracht hatte.

»Hat er das nicht wunderbar gesagt, Kitty?« fragte Pius und schwieg in Erwartung ihrer Antwort.

»Fürwahr, das hat er wundervoll gesagt«, stimmte ihm Kitty zu, »niemand hätte es besser sagen können, selbst wenn die Worte in Ewigkeit gelten sollten.«

Pius war bewegt, wie klug sie es formuliert hatte. Er hatte schon eine Weile das Gefühl, daß zwischen den beiden eine sonderbare Beziehung bestand. Nicht, daß er ein Beispiel hätte nennen können, aber er war überzeugt, daß da etwas war.

»Da kann mir einer sagen, was er will, da ist was im Gange«, dachte er, »und das ist so sicher, wie es Frösche im Moorteich gibt oder Hasen auf der Heide.«

»Wirklich, das hast du sehr schön gesagt.« Kitty

strahlte Patcheen an, aber so wenig, wie er in die blendende Sonne hoch oben am Himmel sehen konnte, so wenig konnte er in die leuchtend blauen Tiefen ihrer Augen blicken. Verlegen senkte er den Kopf mit dem zerzausten grauen Haar und nahm Zuflucht zum Heidekraut. Für Pius war das ein untrügliches Zeichen, daß beider Herzen in Aufruhr waren und daß es zu einem Überschwang der Gefühle kommen würde, wenn ihre Empfindungen verschmolzen.

»Nähme doch dieser Tag nie ein Ende«, hauchte Kitty mehr zu sich als zu den Zwillingen.

Die Brüder waren fasziniert von dieser Vorstellung, auch wenn das nur ein Wunschtraum war.

»Wunderschön wäre das!« flüsterten sie hingebungsvoll.

Den Rest des Tages half Kitty mit beim Aufstellen der Kegel für die Eselsfuhren, und als die Schatten länger wurden, war nicht sie es, die »Feierabend« rief.

»Wenn ich nicht bald was esse«, erklärte Patcheen, »wird mein Bauch nie wieder mit meiner Futterluke reden.«

Kitty nahm die beiden am Arm und dirigierte sie über den auf dem Moor schwankenden Trampelpfad zum Feldweg, der zu ihrem Heim führte.

Der Sommer ging ohne besondere Vorkommnisse dahin, und schließlich wurde es Zeit, den Torf in die Scheuer zu bringen. Diese Arbeit ging ihnen gut von der Hand, und Mitte September war der Schuppen auf Kittys Gehöft bis zur Decke voll, wie sie es versprochen hatten. Der Torf war von hervorragender Qualität, mit seiner Hilfe konnte man der Winterkälte getrost trotzen.

Wie üblich gingen die Zwillinge zweimal die Woche in

den Pub an der Wegkreuzung, und dort schnappten sie eines Abends ein seltsames Gerede auf, das sie in Angst und Schrecken versetzte.

»Wirst schon sehen, die sehnt sich bestimmt zurück nach dem Leben in der Stadt«, meinte einer der Landwirte aus der Umgebung zu einem anderen, »und ich könnt mir denken«, fuhr er fort, ohne zu ahnen, daß nur ein paar Meter weiter interessierte Zuhörer saßen, »die packt ihre Sachen und haut ab, sobald ihr Trauerjahr rum ist.«

»Wie kommst du darauf?« fragte der andere.

»Na, ich sag das, weil sie nicht mehr in Schwarz zur Messe kommt, und wenn Frauen aufhören in Schwarz zu gehen, zerbrechen sie sich den Kopf über die Zukunft. Und da kann's ja sein, daß sie ihre Zelte abbrechen und wegziehen oder daß sie heiraten, kommt drauf an, was für'n Flitz sie kriegen.«

An jenem Abend verließen die Zwillinge ihre Stammkneipe schon nach dem zweiten Bier, und darauf hatte Pius bestanden.

»Los, komm«, hatte er gesagt, »sei vernünftig und frag nicht lange.«

Ein bißchen ärgerte es Patcheen zwar, aber neugierig war er schon. Schweigend folgte er dem Bruder in die Nacht. Er strengte sich an, ihn einzuholen, schaffte es aber nicht. Dabei wollte er doch wissen, warum sie jetzt einen Umweg machten und weshalb er diesmal auf die Hälfte seines Bierquantums verzichten mußte. Pius stapfte vor ihm her und war finster entschlossen, schnell sein Ziel zu erreichen.

Dann standen sie vor dem Tor, hinter dem die Zufahrt zum Doody-Gehöft lag.

»Jetzt bist du dran, mein Junge«, bedeutete Pius seinem Bruder, »du gehst jetzt da rein und machst die Sache klar, oder wir sehen sie bald nie wieder.«

»Überleg mal, wie spät es schon ist«, wehrte sich Patcheen.

»Genau die richtige Zeit für das, was du zu tun hast«, drängte ihn Pius, »im Küchenfenster ist Licht, das heißt, sie ist noch auf.«

Patcheen Mickelow konnte sich nicht entschließen. Um der Wahrheit die Ehre zu geben, genau diesen Schritt, den er jetzt tun sollte, wenn's nach seinem Bruder ging, hatte er sich schon reichlich oft vorgenommen; aber sich etwas auszumalen war eine Sache und es auszuführen etwas völlig anderes.

»Ich weiß nicht, wie ich es ihr sagen soll«, stöhnte er.

»Das fällt dir schon ein, wenn du sie vor dir siehst«, beruhigte ihn Pius und schubste ihn auf den Torweg. In dem Moment ging die Tür auf, und Kitty erschien.

»Ist da wer draußen?« rief sie.

»Wir sind's nur«, antwortete Pius Mickelow.

»Da bin ich aber froh«, rief Kitty zurück und fuhr mit der zitternden Hand unters Kinn. Die Brüder standen schweigend nebeneinander. Pius stieß Patcheen an, damit der sagen sollte, weswegen er gekommen war. Doch dem hatte es vorübergehend die Sprache verschlagen.

»Gibt's irgend was Schlimmes?« fragte Kitty Doody besorgt und kam ihnen einige Schritte entgegen.

»Dem armen Mann hier geht's schlimm, hat was auf dem Herzen«, und damit drängte Pius den Bruder weiter aufs Haus zu, »aber das wird er alles selbst erzählen; ich hab jedenfalls den Eindruck, er quält sich schon eine ganze Weile damit rum.«

»O je«, erwiderte sie teilnahmsvoll, »unter Gottes Geschöpfen gibt es keines, das nicht ein Kreuz zu tragen hat.« Dabei senkte sie demütig den Kopf und ging hinein, achtete aber darauf, daß die Tür hinter ihr nicht ins Schloß fiel. Prompt drehte sich Pius Mickelow auf dem Absatz um und verschwand im Dunkel der Nacht.

»Setz dich ans Feuer.« Kitty nahm ihr Strickzeug von einem Stuhl am Kamin und setzte sich auf einen anderen daneben. Patcheen fiel auf, daß ihre Stühle dichter als sonst beieinander standen. Schon hüpfte sein Herz, sank aber sogleich an den Platz zurück, an den es von Natur aus hingehört, als er bedachte, wie unberechenbar Frauen sind.

Soviel Patcheen wußte, und er berief sich dabei auf andere bedeutende Autoritäten, äußerten sich Angehörige des weiblichen Geschlechts aus unerfindlichen Gründen in Herzensangelegenheiten nicht immer klar und deutlich.

In dem Dilemma, in dem er nun steckte, wollte er erst einmal abwarten. Vorsicht war geboten, und er wäre der erste gewesen, der zugegeben hätte, daß ihm Erfahrung im Umgang mit Frauen abging.

Tiefste Stille herrschte in der Küche; außer dem Tikken der Uhr auf dem Kaminsims war nur das leise Klappern der Stricknadeln zu hören. Noch nie hatte Patcheen gesehen, daß man damit so rasch und geschickt umgehen konnte. Eine Ewigkeit schien zu vergehen, wie sie so dasaßen. Ab und zu rutschte er auf dem Stuhl hin und her, aber seine Gefährtin rührte sich nicht, wenn man von ihren sich verwirrend flink bewegenden Fingern absah. Soweit er das beurteilen konnte, war sie aufgeräumter Stimmung. Nur wußte er, so begrenzt seine Erfahrungen auch waren, daß weibliche Wesen oft dazu neigen, sich zu spät zu erklären, und das konnte verheerende Folgen haben.

Gelegentlich hob sie die blauen Augen von ihrem Strickzeug und lächelte ihn an, als ob es die natürlichste Sache von der Welt wäre, daß sie beide so beieinander saßen.

Mit einem Mal rutschte sie mit ihrem Stuhl näher an seinen, so nah, daß sie sich berührten, wenn sie hin und wieder ihre Haltung änderten. Das war gewiß ein hoffnungsvolles Zeichen, doch mehr tat sich nicht. Es wurde immer später, und möglicherweise würde sie stocksteif da sitzen, bis die Morgendämmerung hinter den Vorhängen am Fenster heraufzog.

»Wenn ich mich jetzt nicht aufraffe«, sagte sich Patcheen, »dann schaffe ich es nie mehr.«

»Weißt du, woran ich denke?« flüsterte er geheimnisvoll.

»Nein«, hieß es ebenso verschwörerisch.

»Ich denk dran«, sagte er, »was für eine Verschwendung es ist, zwei Feuer in zwei Häusern brennen zu haben, wo es doch ein Feuer in einem Haus tun würde.«

»Ich versteh schon, was du meinst«, pflichtete sie ihm bei, »mir ist das auch schon oft durch den Kopf gegangen.«

»Spare in der Zeit«, führte Patcheen das alte Sprichwort an.

»So hast du in der Not«, vollendete sie den Satz.

»Außerdem wollen beide Häuser instandgehalten werden«, drängte er nun weiter. Sie nickte eifrig. »Man kann die Vorzüge gar nicht alle aufzählen.« Erst lachte sie, dann lachte auch er.

»Aber eins von den Häusern müßte man aufgeben«, sagte sie.

»Du meinst, mein alter Pius könnte dann hier bei uns wohnen?« fragte er und traute seinen Ohren kaum.

»Wir können den armen Jungen schlecht sich selbst überlassen«, erwiderte sie, »und ein Zimmer ist doch frei. Wir hätten unsere Stube, und er hätte seine, das heißt, wenn er damit einverstanden ist.«

»Bestimmt ist er damit einverstanden«, versicherte ihr Patcheen, »nichts würde ihm besser gefallen als das.«

»Das würde mich freuen.« Sie legte ihr Strickzeug beiseite.

»Von dem Tag an, als er dich zum ersten Mal sah, hat Pius sich immer gewünscht, daß wir beide uns zusammentun. Er hat Angst, daß du wegziehst und uns verläßt und nie wieder kommst.«

»Wieso sollte ich?« flüsterte sie, schaute ihn betörend an und schürzte verführerisch die Lippen. Man mußte schon ein Herz aus Eisen haben, wollte man sich eine solche Gelegenheit entgehen lassen. Er küßte sie wirklich, nicht nur einmal, sondern mehrmals und nicht nur auf die Lippen, er küßte ihr Gesicht, ihren Hals und ihre Nase, ihren Nacken und die Ohren. Ihre blauen Augen aber hatten es ihm am meisten angetan. Ständig glaubte er, in ihnen ein Funkeln und ungläubiges Staunen zu sehen, und das rührte ihn.

Als sie genug geküßt hatten, deckte sie den Tisch zum Tee. Sie tranken eine Tasse nach der anderen und hatten tausend Dinge zu bereden. Kanonikus Mulgrave würde man konsultieren müssen. Sie wußten im voraus, daß er ihren Entschluß billigen würde, wetterte er doch Tag und Nacht, es sei absolut notwendig, daß mehr Leute heirateten, weil die Gemeinde reichlich entvölkert war. Scharfsinnige Schlauberger würden natürlich einwenden, daß Kitty ihre beste Zeit schon hinter sich habe, doch andere würden dem entgegenhalten, daß man hofft, so lang man lebt.

Nachkommenschaft blieb, wie zu erwarten war, aus, aber sonst war es eine glückliche Ehe, wie man sie in anderen Gemeinden sobald nicht wieder fand. Über das Zusammenleben mit Pius wäre zu berichten, daß er seiner Schwägerin mit größtem Respekt begegnete und sich stets Mühe gab, ihr zu beweisen, daß er sich seiner Stellung im Hause bewußt war und man ihm trauen könne, ohne viele Worte zu machen.

Etliche Nachbarn aus der unmittelbaren Umgebung, die meinten, sie hätten die seltene Gabe, die Zukunft vorauszusagen, hatten eifrig die Ansicht verbreitet, daß man die Zwillinge kaum noch freitags und sonntags im Pub an der Wegkreuzung oder bei anderen harmlosen Vergnügungen sehen würde, wenn sie erst mal ins Gehöft der Doodys zögen. Es erwies sich jedoch, daß sie völlig falsch lagen.

Unser Zwillingspaar tauchte wie eh und je im Stammlokal auf, man sah sie auch bei Fußballspielen und Windhundrennen in unternehmungslustigen Gemeinden und Dörfern, in denen solche Ereignisse zu gegebener Jahreszeit stattfanden.

Ernsthaften Beobachtern, die das Leben anderer Leute zum Nutzen und Frommen der Gemeinschaft studierten, war aufgefallen, daß die Zwillinge besser aussahen, forscher daherkamen und immer Geld für einen Drink in der Tasche hatten.

Im Laufe der Zeit änderten sich auch auf dem Lande

die Lebensgewohnheiten und -umstände. Von den Straßen und Wegen zwischen den Hochmooren verschwanden allmählich Esel und Karren und wurden durch Traktoren mit Anhängern ersetzt.

Kleine, wendige Autos nahmen die Stelle der von Pferd oder Pony gezogenen Wagen und Familienkaleschen ein, mit denen man zur Messe gefahren war oder ins Dorf und mitunter in die Stadt im weit entlegenen Tal.

Die Mickelow-Zwillinge blieben beim Althergebrachten, so lange es ging. Erst nachdem ihnen Kitty jahrelang zugesetzt hatte, machten sie die Mode mit und investierten ihr Geld endlich in einen ehrwürdigen Morris Minor, und beide lernten, ihn zu fahren.

Finanziell gesehen war es ihnen nie so gut gegangen wie jetzt, so daß der späte Autokauf sie nicht in Schulden stürzte. Alle drei waren schon im Rentenalter, als sie sich zu dem Morris entschlossen.

Überall im Land, in den Dörfern und Städten gingen erregende Veränderungen vor sich. Die alten, muffigen, nur von Männern besuchten Gastwirtschaften wurden umgebaut und einladende Bars mit Tischen und Stühlen eingerichtet.

Der Pub, den die Zwillinge immer aufsuchten, gehörte zu den letzten, die sich zu einer Modernisierung durchrangen, und die erste Frau, die ihren Mann beim Gang zur Wegkreuzung am Sonntagabend begleitete, war die tapfere Kitty, Patcheen Mickelows treue Ehegefährtin. Dann dauerte es gar nicht lange, und andere Geschlechtsgenossinnen machten es ihr nach.

Bald darauf wurden Singeabende veranstaltet, und es gab sogar Tanzmusik. Die Geistlichkeit war von den rasch vor sich gehenden Neuerungen verunsichert, behielt aber ihre Ansicht darüber für sich und ließ der Gemeinde die Zügel locker hinsichtlich dieser modernen Vergnügungen.

Die Zwillinge, die sich trotz zunehmenden Alters zum Verwechseln ähnlich sahen, wurden zwar schwächer, erfreuten sich aber weiter einer robusten Gesundheit und ihrer Lust an Spaß und Freude. Das Wuschelhaar auf ihren Köpfen ergraute mit voranschreitenden Jahren, doch ihre Fähigkeit, Starkbier zu konsumieren, litt keineswegs. Kitty hielt die weißen und grauen Strähnen mit verschiedenen Tinkturen und Färbemitteln im Zaum. Das Glücksgefühl, das das Trio seit Patcheens Heirat erfüllte, wandelte sich in angenehme Beschaulichkeit. Was die Nachbarn auch sonst reden mochten, sie konnten nie sagen, daß es den Mickelows jetzt schlechter ging. Die drei Altersrenten zusammengenommen ergaben eine ansehnliche Summe.

Dann wurde Kitty krank und verschied nach kurzem Krankenlager. Die Zwillinge brachen unter dem Leid, das sie bedrückte, fast zusammen. Gewiß linderte die Zeit ihren Kummer ein wenig, aber sie hätten wohl nie wieder das Wirtshaus an der Wegkreuzung aufgesucht, wäre nicht der Himmel eingeschritten, wie Pius sich später ausdrückte.

Es sprach sich herum, daß Kitty kurz vor ihrem Tod Patcheen zu sich ins Schlafzimmer gerufen hatte. Sie bedeutete ihm, sich auf den einzigen plüschbezogenen Stuhl zu setzen, der bis dahin nie die Rolle hatte ausfüllen dürfen, für die er geschaffen war. Jacken, Blusen, Hosen und andere Kleidungsstücke hingen über seiner Lehne oder lagen auf dem Sitz, doch nie während seiner ganzen Existenz hatte jemand darauf gesessen. Er war keineswegs so stabil wie die Küchenstühle, war vielmehr spillrig und wacklig, stellte aber eine Zierde des Raums dar.

Patcheen saß verkrampft darauf und lauschte gebannt den Weisungen seiner Frau, die sie sich sorgsam zurechtgelegt hatte. Sie wollte im Grab ihrer Eltern beigesetzt werden, und er mußte ihr versprechen, sich auch dort zur Ruhe zu legen, wenn seine Zeit käme, die Welt zu verlassen. Auch Pius könnte da hinein, wenn er das wollte. Er versicherte ihr, daß das gewiß sein heißester Wunsch sei. Dann reichte sie ihm ein Blatt Papier mit Festlegungen für den reibungslosen Ablauf der Totenwache und des Begräbnisses. Mit Bleistift hatte sie dort aufs genaueste notiert, was an Trink- und Eßbarem anzubieten sei. Sie schwieg eine Weile, als ob es sie angestrengt hätte, ihm diese Aufträge zu erteilen. Schließlich sagte sie ihm noch, daß es ihr Wunsch sei, in dem marineblauen Kostüm mit der weißen Seidenbluse aufgebahrt zu werden.

»In der Schublade dort drüben«, und dabei wies sie mit schwacher Geste in Richtung Frisierkommode, »findest du ein blaues Band. Bind mir das ins Haar.« Patcheen nickte zu allem, er würde ihre Wünsche erfüllen, und wenn der Himmel darüber einstürzen sollte.

»In der untersten Schublade«, fuhr sie mit heiserer Stimme fort, »sind zwei Umschläge. Auf einem steht Bestattungsgeld, das reicht bestimmt für Totenwache und Begräbnis. In dem anderen Kuvert, das an Kanonikus Mulgrave adressiert ist, steckt das Geld für die Totenmessen, die er für den Frieden meiner Seele lesen soll und all der anderen armen Seelen, wo immer sie sein mögen.«

Während der langen Frühjahrs- und Sommermonate nach Kittys Tod gingen die Zwillinge nie aus, man sah sie nur, wenn sie unterwegs waren, um Einkäufe zu machen oder zur Kirche zu gehen.

Trotz aller Vorsorge, die Kitty getroffen hatte, waren sie nämlich in Schulden geraten. Anstelle des bescheidenen Eichensargs, den Kitty in ihren Berechnungen veranschlagt hatte, hatten sie den aufwendigsten Sarg aus Nußbaumholz mit üppigen Verzierungen gewählt.

Sie standen nun vor der Wahl, den Morris Minor zu verkaufen oder auf jeglichen Alkohol zu verzichten, bis die Beerdigungsfirma bezahlt war. In einem Jahr würden sie ihre Schulden los sein, wie Pius durchgerechnet hatte, und dann würden sie wieder ihr Stammlokal aufsuchen können. Doch da schritt der Himmel ein, so sah es wenigstens Pius.

Und das trug sich so zu. Nach der Totenmesse ging Patcheen Mickelow zu Kanonikus Mulgrave, um für die Messe zu zahlen. Der Pfarrherr hatte Bedenken, zusätzlich Geld für die Messen anzunehmen, die für Kitty und die armen Seelen der Verstorbenen zu lesen waren.

»Aber nein«, hatte Kanonikus Mulgrave gemeint, »das ist wirklich nicht nötig. Sie haben für das Hochamt bezahlt, und das reicht völlig.«

Patcheen gab sich nicht zufrieden. Eingedenk der eindeutigen Weisungen, die ihm seine Frau erteilt hatte, drückte er dem Priester das Kuvert in die Hand und eilte davon.

Später am Nachmittag öffnete der Kanonikus den Umschlag und staunte über den Betrag, den er darin fand. Im Normalfall nahm er dankbar hin, wenn ihm ein Pfund oder zwei zufielen, doch nun war er höchst überrascht, einen sorgfältig gefalteten Zwanzig-Pfund-Schein in der Hand zu halten. Sein Gewissen diktierte ihm, daß er das Geld zurückgeben müßte und dabei vorschlagen könnte, daß es mit einem Pfund oder zwei durchaus seine Richtigkeit hätte. Er war sich ganz sicher, daß die zwanzig Pfund die Mittel der Zwillinge bei weitem überstiegen. Er entschloß sich also, den Schein nicht anzurühren und bei nächster Gelegenheit zurückzugeben. Doch es verging einige Zeit, bevor er dazu kam. Jedesmal plagten ihn Zweifel, wenn er in den Umschlag blickte, der stets auf dem Mahagonipult im Arbeitszimmer lag. Monatelang schwankte er hin und her. Mitunter sagte er sich, das Geld sei ja reinen Herzens gegeben, und bei anderen Gelegenheiten suchte er sich zu überzeugen, daß er gegen die gute Absicht der Verstorbenen verstieße, wenn er das Geld nicht annähme. Zunächst jedoch blieb er dabei, daß die Messen ohne weiteres Zaudern gefeiert werden sollten und daß es weiterer Überlegung bedürfe, bevor er endgültig entschied, was mit der Zwanzig-Pfund-Note zu geschehen habe.

Kurz vor Weihnachten stapelten sich dann unbezahlte Rechnungen im Briefkasten der Pfarrei. Wieder nahm er die zwanzig Pfund aus dem Umschlag und glättete sie bedächtig auf seinem Pult. Die würden hinreichen, um den größten Teil seiner Schulden zu begleichen. Doch mannhaft ermahnte er sich, daß binnen kurzem die Christfestgaben die Truhen des Sprengels auffüllen würden. Ihm blieb gar keine andere Wahl, er mußte den Zwanzig-Pfund-Schein zurückbringen.

Er schalt sich, so lange gezögert und keine christliche Entschlossenheit bewiesen zu haben, setzte sich in seinen Wagen und fuhr zur Wohnstätte der Mickelows. Pius öffnete ihm und bat ihn herein. Huldvoll lehnte der Chorherr die Einladung ab.

Wie alle Pfarrer und Kaplane vor ihm, hatte er es längst aufgegeben, die Zwillinge auseinanderzuhalten. Außerdem war ihm bei dieser besonderen Mission ein Zwilling genauso recht wie der andere.

Patcheen hatte sich schon früh am Morgen zu einem abseits gelegenen Gehölz aufgemacht, um einen Armvoll Stechpalmen und Efeu zu beschaffen. Damit wollten sie Krippe und Küche schmücken.

»Also, mein Bester, ob Sie es wahrhaben wollen oder nicht«, Kanonikus Mulgrave hielt die Zwanzig-Pfund-Note hoch, »der Schein, den Sie hier sehen, gehört Ihnen, nach allem, was recht und billig ist. Das war viel zu viel, und mein Gewissen gebietet mir, das Geld zurückzugeben.«

Mit offenem Mund starrte Pius auf die Banknote und schaute danach nicht weniger verwundert den Besucher an. Als der Kanonikus den Zwanzig-Pfund-Schein Pius Mickelow in die schwielige Hand drückte, beschloß der mitzuspielen, obwohl seine Verblüffung eher noch zugenommen hatte. Er war jetzt voll und ganz überzeugt, daß der geistliche Herr an der Altersschwäche litt, der nur wenige am Ende ihrer Tage entgehen.

»Nein, sagen Sie nichts, mein Lieber!« Warnend hob der Pfarrer den Finger. »Kein Wort mehr darüber. Das bleibt absolut zwischen uns beiden. Die Messen sind gelesen worden, da können Sie ganz beruhigt sein. Das Geld gehört Ihnen, und Sie können damit machen, was Sie wollen. Ich muß jetzt weiter. Ihnen und Ihrem Bruder wünsche ich von Herzen eine glückliche und gesegnete Weihnacht.«

Das bevorstehende Christfest würde der Chorherr in Frieden und Freuden begehen können. Mit seinem Gewissen war er nun im reinen. Er hatte wie ein wackerer Christenmensch gehandelt.

Am Sonntagabend vor Weihnachten saßen die Zwillinge vor dem Kamin. Über eine Stunde hockten sie schon da und hatten kein Wort miteinander geredet. Schließlich brach Pius das Schweigen.

»Was meinst du, wollen wir nicht mal in den Pub gehen?« schlug er ganz beiläufig vor.

»Was hast du eben gesagt?« fragte Patcheen und neigte sich vor, als hätte er nicht richtig gehört.

»Ob wir in den Pub gehen wollen«, warf Pius leicht hin.

»Und wo soll das Geld herkommen?« erkundigte sich Patcheen sarkastisch. Pius zog den Zwanzig-Pfund-Schein aus der Tasche.

»Ist der echt?« fragte Patcheen und befingerte ihn. Als er sich überzeugt hatte, daß das Ding wirklich echt war, wollte er wissen, woher es kam.

»Ich bin nicht berechtigt, darüber Auskunft zu geben«, bedeutete ihm Pius feierlich, »aber ich habe den Schein nicht auf der Straße gefunden, und gestohlen habe ich ihn auch nicht. Dem Mann, der ihn mir gegeben hat, mußte ich versprechen, die Sache für mich zu behalten.«

»Na dann, nichts wie los!« Patcheen stand auf und zog sich den Mantel an. Pius folgte ihm auf dem Fuß.

»Und du darfst nicht sagen, woher das Geld kommt?«

»Nein«, war die Antwort, »nur so viel darf ich sagen, es kommt von Gott und wurde von einem Menschen überreicht, und wenn es von Gott kommt, dann kannst du sicher sein, daß Kitty die Hand im Spiele hat.«

Nächstenliebe

Wer von sich behaupten kann, daß er untadelig ist, kann sich beglückwünschen, denn einen wie ihn gibt es kein zweites Mal. Er ist die Ausnahme in Person, und doch würde ich um nichts in der Welt mit ihm tauschen wollen.

Nörgler werden jetzt fragen, warum ich in diesem Ton beginne, mit was für einem ausgemachten Unsinn ich sie behellige, ausgerechnet jetzt zur Winterszeit, da Weihnachten nicht mehr fern ist.

Ich will von einem Ausflug erzählen, der eine Woche vor Weihnachten stattfand, zu einer Zeit, als mein Haar noch schwarz war und man ein großes Bier für zwei Schilling bekam. Der Held dieser Geschichte weilt nicht mehr unter uns, aber wenn es jemals einen Menschen gegeben hat, der den Weihnachtsmann wirklich echt spielen konnte, dann war er es. Im Grunde genommen hätte er jede beliebige Rolle übernehmen können.

Es ist viele Jahre her, da begaben mein Freund aus Mayo und ich uns auf die Reise. Wir wollten uns ein paar Tage in seiner Heimat umtun, die Pubs unsicher machen und Freunde aus seiner Jugendzeit besuchen.

Wir verließen Tubbercurry an einem Abend kurz vor dem Fest. Unterwegs erzählte er von der Schule, in die er gegangen war und wo er – seiner Darstellung nach – sinnlos Zeit verschwendet hatte. Sein Lehrer war ein alter Brummbär gewesen, der meinen Freund und die meisten anderen Schüler für unverbesserliche Analphabeten hielt. Tag für Tag malte er ihnen aus, daß sie es nie zu etwas bringen würden und mit Ach und Krach gerade für die niedrigsten Aufgaben gut genug sein würden.

»O'Donnell«, hatte er zu meinem Freund gesagt, »ich bin schon zufrieden, wenn ich dir Lesen und Schreiben beibringe. Wenn du mal nach England gehst, wissen sonst deine Leute nicht, wo du bist, weil du ihnen nicht schreiben kannst.«

Dabei konnte O'Donnell lesen und schreiben, noch ehe er zur Schule kam. Aber er behielt es für sich, denn hätten die anderen das mitbekommen, wäre er sofort zum Außenseiter geworden. Die Schulkameraden, die des Lesens und Schreibens nicht kundig waren, hätten vielleicht nichts mehr mit ihm zu tun haben wollen. Besser ein Trottel unter anderen Trotteln sein als der Klassenstar; mit einer solchen Sonderstellung hätte er sich nur Ärger eingehandelt.

Bei unserer Ankunft in Claremorris kehrten wir in einem bekannten Wirtshaus ein. Vor der Tür stand ein großer Lieferwagen, der Kisten mit Marmelade geladen hatte – alle Sorten, die man sich vorstellen konnte: Himbeere, Erdbeere, Pflaume, Stachelbeere, Mehrfrucht, auch Orangenkonfitüre. Er war voll bepackt mit Gläsern und Töpfen verschiedener Größe.

»Wahnsinn, diese Mengen Marmelade«, schimpfte mein Freund, »und die halbe Welt ist am Verhungern.« Er schüttelte den Kopf ob dieser Ungerechtigkeit.

Wir gönnten uns zwei goldgelbe Irish Whiskey, und während wir uns daran gütlich taten, betrat ein Mädchen das Lokal, kam zu uns an die Bar und sprach meinen Freund an.

Ich weiß nicht warum, aber sie glaubte, mein Freund wäre der Fahrer des Lieferwagens. Es passierte ihm oft, daß die Leute ihn für jemand anders hielten. Das lag an seinem Gesicht. Einmal hatte ihm eine Frau eine Ein-Pfund-Note gegeben, damit er die Messe für sie lese. Er hatte damals einen dunklen Anzug angehabt.

»Sir, meine Mutter läßt fragen, ob Sie vielleicht ein Glas Marmelade übrig haben, kann ja sein, eins ist gesprungen«, sagte das Mädchen. »Egal was, Erdbeermarmelade oder Mehrfrucht oder auch Orangenkonfitüre.«

»Gesprungen ist bestimmt keines, draußen auf dem Wagen sind nur ganze Gläser, eins schöner als das andere«, antwortete mein Freund.

»Ob ich da eins haben kann, Sir, eins mit einem Pfund würde schon reichen.«

»Hat denn deine Mutter irgendein Gefährt?«

»O ja, Sir, einen Eselskarren und auch einen Esel davor.«

»Dann sag ihr, sie soll sich ein paar Kisten nehmen. Aber übertreibt's nicht. Überfressen müßt ihr euch ja nicht gleich.«

»Natürlich nicht«, sagte die Kleine beglückt, und weg war sie.

Kurz darauf verließen auch wir das Gasthaus und gingen zu unserem Auto, das wir in der Nähe geparkt hatten.

Von dem Lieferwagen war keine Spur.

Wir wanderten noch durch die Stadt; es wurde ein herrlicher Spaziergang. Ich kann nur jedem, der nicht gut drauf ist, so einen Bummel durch Claremorris empfehlen. Alles paßt zueinander dort, die Menschen sind freundlich, die Straßen sauber, der Gesamteindruck ist einfach angenehm.

Leute kamen auf uns zu, schüttelten uns die Hand und hießen uns überschwenglich in Mayo und in der Stadt willkommen.

Als wir eine alte Frau fragten, wie es ihr ginge, klagte sie über Schwindelanfälle. Mein Freund fühlte ihr den Puls, erkundigte sich, ob sie etwas gegen die Beschwerden einnehme. Sie berichtete von verschiedenen Arztbesuchen und zählte eine ganze Liste von Medikamenten auf. Nichts hätte geholfen, es würde eher schlechter als besser. Mein Freund hörte sie aufmerksam an und schüttelte den Kopf.

Nachdem er alles wußte, was er hatte in Erfahrung bringen wollen, fragte er sie: »Trinken Sie auch genug Quellwasser?«

»Nur mit dem Tee, und das dann meist aus der Leitung.«

»Sie können gar nicht genug Quellwasser trinken«, riet er ihr. »Quellwasser hat noch niemandem geschadet.«

Die alte Frau nickte eifrig.

»Und essen Sie viel Gemüse«, fuhr er fort, »besonders Kohl, und morgens und abends ein Schluck Whiskey ist auch nicht verkehrt.«

»Heilige Mutter Gottes, mir ist gleich viel besser«, erklärte sie. »Der Herrgott muß Sie mir gesandt haben. Ich werde für Sie beten.«

»Beten Sie lieber für uns alle.« Mit diesen Worten verabschiedete er sich und stapfte in Richtung der Berge, genauer gesagt, in Richtung Ballyhaunis, wo er etliche Verwandte mütterlicherseits hatte. Damit konnte ich die Sache weiter ausbaden.

»Ist das 'n Doktor?« fragte sie.

»Nein, ist er nicht.«

»Aber wohl ein Spezialist?«

»Ja, das stimmt.«

Und ob er ein Spezialist war! Ein Spezialist im Aufheitern anderer, im Vertreiben von Schwermut.

Später fuhren wir dann weiter. Leichte Nebelschwaden trieben vor uns her.

In Mayo fällt der Nebel nicht, er treibt vom Meer heran. Wir mußten langsam fahren. Wir schwiegen; es bedurfte keiner Worte zwischen mir und ihm, der überall, wo er sich zeigte, Freude verbreitete.

»Ruhm und Ehre sei Gott!« rief er plötzlich; er hatte auf der anderen Straßenseite einen Eselskarren mit zwei Frauengestalten erspäht. Die eine war in einen Schal gehüllt und alt. Die andere war jung und schön. Ihre Gesichter strahlten vor Glück und Zufriedenheit.

Im Karren hatten sie zwei Kisten mit Marmeladengläsern, eine mit Einpfundgläsern, die andere mit Zweipfundtöpfen. Mein Freund drehte das Fenster herunter und grüßte die beiden. Eifrig winkte das Mädchen zurück. Dann wandte er sich zu mir und sagte: »Müßten wir jetzt aus dem Leben scheiden, kämen wir gewiß in den Himmel, denn wir haben heute andere glücklich gemacht.«

John B. Keane
Whiskey für alle
Geschichten von der Grünen Insel
249 Seiten
ISBN 978-3-7466-2838-7
Auch als E-Book erhältlich

Sláinte! Prost!

Ein Ire aus Amerika, der hofft, in Irland endlich die für ihn bestimmte Frau zu finden; ein Ladenbesitzer, der bis ins reife Alter abends am Fluss unterm Ahornbaum auf die Frau seiner Träume wartet; ein kleines Mädchen, welches das Leben eines Postboten völlig verändert: Liebenswerte Sonderlinge auf Brautschau; Eheleute, die sich mal lieben, mal hassen und doch den Alltag gemeinsam meistern – von ihnen erzählt John B. Keane in seinen heiteren, liebenswerten und besinnlichen, auf jeden Fall sehr irischen Geschichten.

»Wie Legenden zu lesen und doch so herrlich realistisch.«
Ostthüringer Zeitung

Regelmäßige Informationen erhalten Sie über unseren Newsletter. Jetzt anmelden unter: www.aufbau-verlag.de/newsletter

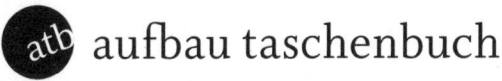